DRA. ANA MÉNDEZ FERRELL

PHARMAKEIA

EL ASESINO OCULTO DE LA SALUD

Voice Of The Light Ministries

DRA. ANA MÉNDEZ FERRELL

PHARMAKEIA

EL ASESINO OCULTO DE LA SALUD

Voice Of The Light Ministries

DEDICATORIA

En memoria de mi hermana Mercedes Méndez, quién fue víctima de los destrozos que la ciencia farmacéutica ocasionó en su cuerpo llevándola hasta la misma muerte.

En memoria de mi madre Mercedes Azcárate, a quién la medicina prescrita y sus efectos secundarios terminaron destruyéndole el páncreas y conduciéndola a la muerte.

A los que me inspiraron a vivir en "Salud de Reino", libre de "Pharmakeia": Mi esposo Emerson Ferrell, el Apóstol Norman Parish, mi hijo espiritual Michael Schiddeger.

RECONOCIMIENTO
ESPECIAL

A Julia Schittkowski de Alemania, por su amor y profunda investigación para la realización de este libro.

Voice Of The Light Ministries

PHARMAKEIA
EL ASESINO OCULTO DE LA SALUD

© Dra. Ana Méndez Ferrell
3ª Edición 2011

Todas las referencias bíblicas han sido extraídas de la traducción Reina Valera, Revisión 1960.

Categoría: Liberación
Publicado por: Voice Of The Light Ministries/ Estados Unidos
Teléfono: +1.904.834.2447 - P.O. Box 3418
Diseño/Edición: Ana Méndez Ferrell
Diagramación: Andrea Jaramillo

---

www.voiceofthelight.com | www.vozdelaluz.com
Voice Of The Light Ministries - Ponte Vedra,Florida,32004 / U.S.A

Impresión en Estados Unidos de América

ISBN: 978-1-933163-16-1

INDICE

PRÓLOGO

por el Apóstol Norman Parish

Hace algunos años (¿cuántos? no recuerdo, diez o más) tuve el gusto de conocer a Ana Méndez durante un Seminario de Guerra Espiritual en la ciudad de Monterrey, México, en el cual los dos tuvimos activa participación.

En verdad, me impresionó, por la lucidez y fuerza de su palabra acerca de temas que nunca han sido populares en el Cuerpo de Cristo: la liberación y la lucha espiritual. En esos días ella estaba iniciando una difícil etapa de su ministerio, consistente en ascender a algunas de las montañas más altas del continente americano para enfrentar a los principados y las potestades que operan en las naciones.

Recuerdo que ya tenía planes de escalar el Everest, en las montañas del Himalaya en Nepal, con un grupo de intercesores, para reprender y atar al llamado Dios de este Siglo y Príncipe de este Mundo, que según algunos había establecido su trono en la cumbre de la montaña más alta de la tierra, aventura que se llevó a cabo un par de años más tarde. Me invitó para que los acompañara, pero después de meditar y orar no sentí que esa labor me había sido encomendada a mí en particular por Dios.

También me enteré de su incursión a lo que antiguamente

era llamado Asia, en la parte occidental de la actual Turquía, donde existieron las 7 iglesias de Apocalipsis 2 y 3, incluyendo Efeso y su famoso templo en honor a Diana (o Artemisa) de los Efesios (considerada una de las 7 maravillas del Mundo Antiguo) y su imagen que según los supersticiosos había sido traída desde Júpiter (Hch. 9:35). Ana ha sido una persona atrevida y valiente como pocos, pues aún invadió la fortaleza de satanás en la región de Catemaco, Veracruz, un bastión de las artes mágicas y de las ciencias ocultas en México, proyecto por demás extremadamente peligroso.

Ana ha escrito numerosos libros, no desde un punto de vista meramente teórico (como lo hacen algunos autores de libros de amplia difusión sobre temas afines a la Guerra Espiritual), sino en base a su amplia experiencia. Sus libros y sus conferencias en muchos lugares del mundo han instruido a miles de cristianos, ayudando a prepararlos para vivir victoriosamente durante los eventos que han de ocurrir en estos fines de los tiempos.

Hace más de 45 años descubrí por mi estudio personal de las Escrituras los principios de sanidad y salud divina y en base a eso renuncié a la medicina alopática, de la cual Ana habla extensamente en este volumen. Creo firmemente que por medio de la muerte y resurrección de Jesucristo tenemos algo mejor, infinitamente mejor: la redención del pecado y sus devastadores efectos sobre nuestro espíritu, alma y cuerpo (1ª. Tes. 5:23), incluyendo todas las enfermedades físicas, emocionales, mentales, etc. que hoy azotan a la humanidad. Numerosos textos bíblicos comprueban lo que acabo de aseverar, especialmente Isa. 53:4-5 (ver el cumplimiento de esta famosa profecía mesiánica en Mat. 4:23-24; 8:16-17; 9:35) y Sal. 91:3.

Durante los últimos 35 años no he sufrido de dolores de

cabeza, fiebres, gripes, etc. y por lo tanto no he tenido que recurrir a ninguna medicina química, que por lo general tiene efectos secundarios sumamente dañinos para la salud de nosotros los seres humanos.

La medicina por lo general es paliativa y no curativa, alivia los síntomas pero no elimina las causas ni de las enfermedades más comunes, y menos de las enfermedades de origen espiritual. Ahora, a mis 78 años de edad, gozo de buena salud; es admirable el vigor y la fuerza que tengo para continuar mi extenso ministerio en muchos lugares del continente americano y aún más allá de los océanos.

Tengo algunos problemas de salud, ninguno de gravedad, a causa del descuido y deterioro natural por el paso de los años.

Recomiendo altamente este libro, aunque quizás diferimos en algunos de sus pasajes extremadamente controversiales. Les invito a leerlo con una mente dispuesta y un corazón abierto (libre de prejuicios e ideas preconcebidas) con el fin de hallar en el Señor Jesucristo la vida, la salud, la fortaleza, que todos los hijos de Dios necesitamos para proseguir la lucha por extender y establecer el Reino de Dios en la tierra en estos postreros tiempos.

COMENTARIO

por el Doctor en Medicina
Oscar Fallas, Panamá

S oy médico cirujano de profesión. Me formé y gradué en la Universidad de Salamanca, España en 1966.

Regresé a mi país a ejercer casi siempre la medicina en forma privada, porque allí el médico se identifica con el paciente y tiene oportunidad de penetrar sus zonas espirituales más profundas y así el paciente confía más en el profesional y se abre más a ser sanado, que cuando está en la consulta del seguro social. En esta última el paciente no tiene confianza ni en el médico que lo atiende ni en el sistema que le ofrece el seguro.

Es como un ring de boxeo, donde tanto el Doctor como el paciente, están dentro del cuadrilátero. El médico no le cree al paciente, pues asume que éste, lejos de estar enfermo sólo va a buscar incapacidades. Por otro lado el enfermo no cree en el médico, ya que sabe que es tan sólo un asalariado del seguro social, quien vive de las cuotas que le "sacan" mensualmente de su sueldo.

Lo que escribe y relata mi hermana espiritual, Ana Méndez Ferrell (hija del Apóstol Rony Chaves al igual que yo), en su magnifico libro es cierto. Nuestra cultura latina sobre todo, nos forma dependiendo de la "frotadita", de la pastilla y de los brebajes que la abuela conoce y obliga a tomar "porque eso sí cura", y a esto se añade el patrón de tradición familiar que para todo hay que ir al médico, por pequeña que sea la causa.el doctor y la familia entera le cree al galeno que dió su opinión, porque lo "dijo" el doctor.

Le explicaré amado lector: el médico dentro de nuestra sociedad, estudió y se graduó como profesional de la medicina y el estado le otorga autoridad delegada para que ejerza su profesión. Sin embargo al desconocer el mundo espiritual pone en peligro aún a sus pacientes en el momento de hacer su diagnóstico. Espiritualmente las palabras de un médico atan a la persona a la enfermedad ya que nuestro enemigo común, el diablo las usará para hacerlas efectivas.

El diagnóstico de un cáncer por ejemplo proclamado por el doctor y luego repetido a diestra y a siniestra por los familiares del paciente, termina fungiendo como una palabra de maldición, que culminará, enfermando aún más a l paciente o aún matándolo.

El poder radica en darle credibilidad absoluta a las palabras del diagnóstico y luego darles vida en el mundo espiritual al hablarlas una y otra vez. Esto inequívocamente será usado para matar y destruir, por quién tiene el imperio de la muerte, esto es el diablo. Este es un enemigo real, que se especializa en atar a los seres humanos a cadenas de esclavitud como el tabaco, alcohol, drogas, café, marihuana, cocaína; porque eso circula en la sangre y trae "resaca" o goma o como se dice en algunos países.

El hombre en muchos casos cuando carece de las finanzas para proveerse de su adicción, tiene que robar y matar para que su nivel de sangre vuelva a ser normal.

Esta es la sencilla razón por la cual también el diablo ata a las personas a medicinas, porque circulan en la sangre. Esta requiere a la vez de un alto nivel de ellas, lo que es facilitado por el médico quien diagnóstica una nueva dosis cada cierto número de horas.

Vea bien y lea, amado lector que se lo está diciendo un médico con más de treinta años de ejercer la medicina, sólo que ahora mi medicina es la de Jesús, el sanador. Hoy por hoy todo lo que hago, es en su Santo nombre.

Los laboratorios producen toneladas de medicinas al mes, yo fui médico privado y me visitaban los representantes farmacéuticos, los cuales están interesados en que uno recete en abundancia la droga que le ponen en su escritorio. A cada frasco que el paciente consume, el laboratorio le pone dentro, un prospecto de la medicina que producen pero hay un apartado, que nadie le da importancia y que dice:

Efectos secundarios. Ahí viene explicado que esa droga le va a hacer bien para el mal que padece, pero que también le va a dañar órganos que están bien, afectando su funcionamiento. Lo triste es que nadie entiende esto, por un lado, se están medicando para combatir una enfermedad, pero al mismo tiempo, están lesionando partes y órganos de su cuerpo que estaban bien.

Yo como médico cristiano, ahora sé que Dios hizo nuestro cuerpo a imagen y semejanza suya. Esto quiere decir que hay un diseño de usted en los cielos, donde ese gemelo de su cuerpo, no envejece, no se enferma, no se rompe, ni tiene pobrezas, ni miseria. En la Biblia nunca he leído que Dios padezca de asma, gripe, jaquecas, hipertensión o diabetes, la imagen y semejanza de Dios es perfecta. Esas enfermedades las planea el diablo con su equipo de estrategas en las salas del infierno. Dios le ha ido dando al ser humano la cura para enfermedades que fueron mortales y que ya no representan peligro para la humanidad, como es el caso de la fiebre amarilla, peste bubónica, lepra, etc. porque Dios ama al hombre.

Entonces el diablo entonces crea nuevas enfermedades, como la évola, que se come la carne de los humanos, el sida y enfermedades que sólo han aparecido en estas últimas décadas. Lo que el enemigo quiere es seguir atándolo al vicio de tomar pastillas.

Las drogas entran a nuestro cuerpo, se meten en el torrente sanguíneo y circulan por nuestro cuerpo haciendo su efecto "curativo" pero destructor a la vez. Estas van a permear hasta la última célula de los millones que componen nuestro cuerpo. El hígado metaboliza la medicina al pasar por este, o sea la desaparece de nuestro cuerpo, pero la indicación médica sin embargo es tomar una pastilla cada 8 horas. En este momento viene el refuerzo a reemplazar la dosis que ya está muriendo en el cuerpo, y asi por diez, doce días o un mes de tratamiento. Al final de éste, su cuerpo ha sido tan maltratado que usted podrá observar sus pobres células, como una mata deshidratada expuesta al sol.

Ahí no termina la tragedia, vea a los pacientes correr desesperadamente a la farmacia, para que se les suministre otro "refill", cuando ven el frasco de las medicinas casi vacío. U oígalos llamando al médico por teléfono, para que les autorice otra dosis de castigo para sus pobres células por otro mes. ¿Y qué decir de las personas, a quienes el médico les dice que tiene que tomar las medicinas de por vida? ¿Cuál será el estado de sus células?

La Biblia en Isaías capítulo 53 dice bien claro que Jesús llevó todas en la llaga de su costado todas nuestras enfermedades, para que nosotros fuéramos libres. Yo lo creí y tengo 73 años y vivo sin ninguna medicina, lo mismo que mi esposa.

A mí, personalmente, Jesús me cambió un corazón enfermo cuyas arterias estaban llenas de colesterol, las coronarias enfermas, y era candidato a un transplante.El me dio uno nuevo y soy sano, y hoy ni hipo me da.

Soy de Costa Rica, vivo en Panamá y me pensionaron por padecer dos hernias de disco en mi columna vertebral. De estas también Jesús me sanó y ya no padezco de nada.

Yo oro a mi Padre eterno en los cielos para que los millones de personas que van a leer este libro, el Dios sanador, Jesús de Nazareth, les ilumine el entendimiento, como a mí, para que entiendan que no necesitamos medicinas, ni cadenas de esclavitud a las drogas, porque Él es nuestro sanador. Oro para que se den cuenta que no hay nada imposible para él, ya que tenemos un diseño en los cielos, un cuerpo perfecto, saludable que podemos intercambiar en el Nombre y el poder de Jesucristo, por nuestros cuerpos débiles y enfermizos.

Le escribo a los colegas que lean este libro con el corazón en la mano, pues tuve la oportunidad de ser médico incrédulo y recetar irresponsablemente medicinas pensando en lo que ganaría con ese paciente. En aquel entonces no conocía el poder tan grande de Jesús. El me ha enseñado cómo ejercer la medicna, siendo un instrumento suyo, una extensión de sus manos, para llevar alivio verdadero a los que sufren y estan en cárceles del diablo.

Exhorto a mis colegas a que sientan el gozo de ver delante

de sus ojos, los milagros que yo veo cada día cuando impongo mis manos sobre mis pacientes. Jesús es el mismo ayer, hoy y siempre, el es médico de vivos y no de muertos. Pueden creerlo por mi experiencia, estoy vivo por el poder de la resurrección que está en Jesucristo. El que desee comprobarlo, puede escribirme y venir a Panamá, y yo le daré testimonio de como estoy de pie por su misericordia y gran poder.

COMENTARIO

por el Doctor en Medicina
Carlos Miranda, México

Recomendación a los médicos que lean el libro.

Si el lector de éste libro es un profesional de la salud, recomiendo no solamente la lectura del mismo como una herramienta más del conocimiento médico, sino que le hago una invitación para que abra su entendimiento a las revelaciones del Espíritu de Dios y empiece a caminar con pasos firmes conforme al Reino.

Es difícil romper paradigmas, el cambio es paulatino, lento, a veces incomprensible, pero le reto para que se tome de la Fe y pueda observar que tan real es el mundo espiritual.

La Medicina es Arte, médicos del Espíritu

La medicina, es posible señalarlo, es arte y ciencia a la vez. Es la más humana de las artes, la más artística de las ciencias y la más científica de las humanidades. Este es el sentido que debemos darle a un nuevo paradigma médico: saber, práctica y vocación.

La enfermedad en el hombre encierra una infinidad de símbolos, inherentes a cada persona, que nosotros, los médicos, debemos develar guiados, a veces, por un indicio, por el conocimiento del camino recorrido de una vida, de suyo corta y nada fácil, pero que expresa en el síntoma, una biografía. Las razones de la crisis son pues de orden espiritual y material.

Sólo la integración reflexiva de estos órdenes, en apariencia contradictorios, permitirá la elaboración de un nuevo modelo, y con ello, la fórmula para curar la enfermedad de la medicina. Por todo lo anterior, es necesario para el médico desarrollar él carácter para manifestar los dones del Espíritu, porque está escrito:

> *Porque a éste es dada por el Espíritu palabra de sabiduría; a otro, palabra de ciencia según el mismo Espíritu; a otro, fe por el mismo Espíritu; y a otro dones de sanidades por el mismo Espíritu. A otro, el hacer milagros; a otro profecía; a otro, discernimiento de espíritus; a otro, diversos géneros de lenguas; y a otro, interpretación de lenguas.*
>
> **1 Corintios 12:8-10**

Un médico argentino comentaba que la génesisde las enfermedades se encuentra en el alma (lavoluntad, emociones, el razonamiento, las decisiones,elecciones y el pensamiento).

Sin embargo hay que recordar que el Alma es el puente que une al espíritu y el cuerpo. A través de los sentidos, podemos edificar o contaminar el espíritu y secundariamente alterar el terreno biológico traduciéndose en enfermedad.

Porque no tenemos lucha contra sangre y carne, sino contra principados, contra potestades, contra los gobernadores de las tinieblas de este siglo, contra huestes espirituales de maldad en las regionescelestes.
Efesios. 6:12

La medicina es arte, porque podemos discernir las enfermedades de los tres terrenos (biológico, mental y espiritual).

Lámpara de Jehová es el espíritu del hombre, la cual escudriña lo más profundo del corazón
Proverbios 20:27

Tenemos que anhelar el espíritu de sabiduría, inteligencia, consejo, poder, conocimiento y temor de Dios para poder manifestar entre otras cosas el Poder del Espíritu a través de la sanidad.

Finalmente, quisiera comentar que la farmacología sólo es un pequeño capítulo en la formación del médico, contamos con un sin número de herramientas no farmacológicas para tratar a los enfermos.

Detrás de la prescripción de cualquier remedio o

tratamiento existe la entrega, la pasión, la empatía, el amor, la misericordia, la ética y todas estas características forman entre muchas otras al quehacer médico, que no ve su profesión como cualquier trabajo, sino en cambio, como un Apostolado en un ministerio que Dios ha puesto en nuestro corazón.

Y estas señales seguirán a los que creen: En mi nombre echarán fuera demonios; hablarán nuevas lenguas; tomarán en las manos serpientes, y si bebieren cosa mortífera, no les hará daño; sobre los enfermos pondrán sus manos, y sanarán.

Marcos.16:17-18

Recomendación para el lector en general.

El libro de Ana Méndez es contundente y revelador, inspirado por el Espíritu, para comprensión del espíritu.

Dr. Carlos Miranda

COMENTARIO

por el Doctor en Medicina
René Pelleya, Miami-USA

Autor del libro "**Médicos que Oran**" (Praying Doctors)

Ana Méndez Ferrell expone la parte escondida de la medicina alopática. ¡El que tenga oídos para oír, oiga! Este libro no trata de condenar la medicina, sino ayudarnos a mirar una forma más alta de vivir en Cristo. Esto es a través de la salud que Él conquistó para nosotros en la Cruz del Calvario.

La medicina alópata ha ayudado a mucha gente y ha dañado también a otros tantos. Un problema que yo he visto en los años que he estado practicando la medicina alópata es que vemos al hombre tan sólo como un cuerpo. Esta es una forma simplemente mecánica de ver al ser humano sin considerar su alma y su espíritu.

Por ejemplo, si alguien tiene un dolor de cabeza le damos un analgésico y si alguien está deprimido un antidepresivo, etc, etc.

Yo me atrevo a decir que la causa primaria de toda enfermedad yace en el alma y en el espíritu del hombre, el cuerpo es afectado en última instancia.

Un ejemplo claro de una enfermedad alma-espíritupsicosomática es la fibromialgia (condición que causa dolores musculares y fatiga (cansancio). Muchos médicos creen que no hay cura alguna para esta dolencia.

La gente entonces recurre a psicólogos, quiroprácticos, reumatólogos, acupunturistas, clínicas de dolor, rehabilitación, etc. Por ende toman medicamentos antidepresivos, analgésicos, sedantes o reguladores de dolor y el resultado es que la mayoría empeora.

Yo le ofrezco a mis pacientes orar por ellos, y los que lo aceptan, son sanados en una sola sesión.

Hay un mundo escondido, de traumas y falta de perdón en la fibromialgia. Hay heridas, resentimiento, depresión, rigidez y síndrome de dolor. Esto se resuelve con sanidad interior y liberación y la gente sana. Muchas enfermedades como las migrañas, asma, colitis, artritis, etc., responden a estos mismos condicionantes. La mayoría de los médicos y pacientes desconocen este ámbito del espíritu, alma y cuerpo. No han recibido salvación y están ignorantes de la provisión de la Cruz.

Ana Méndez Ferrell expone las áreas de la medicina, que tienen sus raíces en fórmulas y métodos no cristianos. La manera "normal" en que esta sociedad piensa, es principalmente racional, intelectual, moderna, científica materialista, etc. Así que no sólo el sistema médico sino todo el sistema social y cultural vive negando el Reino de Dios y el ámbito de sanidad sobrenatural.

Este libro expone en forma dramática todo lo que se puede considerar maligno en la medicina alópata. De mi parte exhorto a seguir explorando e investigando más profundamente este tema.

Este libro también muestra, de manera maravillosa, cómo poder vivir en salud divina. Esto yo lo creo de todo corazón y lo recomiendo. También recomiendo este libro como un abre-ojos y un catalizador para llevarnos a una investigación más profunda en cuanto a su contenido pero sobre todo para recibir la guía para que tengamos la salud y el bien estar que Dios nos ofrece.

Oración antes de comenzar a leer este Libro

Padre Celestial te pido que abras mis ojos y mi entendimiento para ver las verdades que quieres mostrarnos en este libro. Permite que al leerlo mi vida y mi forma de ver mi salud sean totalmente transformadas. Dame oídos para oír con fe y valor para decidir con determinación y así rendir todo mi ser a Tí para vivir en el perfecto estado de salud que tú compraste para mí por el precio de la Cruz.

Ciertamente llevó él nuestras enfermedades, y sufrió nuestros dolores; y nosotros le tuvimos por azotado, por herido de Dios y abatido. Mas él herido fue por nuestras rebeliones, molido por nuestros pecados; el castigo de nuestra paz fue sobre él, y por su llaga fuimos nosotros curados.

Isaías 53: 4 y 5

Introducción

T oda mi vida crecí pensando lo afortunados que éramos los nacidos en el Siglo XX debido a tantos adelantos médicos.

Me maravillaba cada vez que había nuevos descubrimientos médicos. Mi mente simplemente no podía concebir cómo en otros siglos la gente había vivido sin la medicina de hoy.

Sin embargo, en el año 1998 mi mentalidad cambió radicalmente cuando vi cómo la gran cantidad de medicamentos suministrados a mi madre le reventaron el páncreas y la condujeron a la muerte.

En el 2001 mi hermana gemela, quien padecía de tumores en el cerebro y después de pasar por varias cirugías tuvo el mismo destino que mi madre.

Los médicos, en aras de prevenir una reincidencia la bombardearon con medicamentos destruyendo su sistema de defensa por completo. Ella murió de una simple gripe.

Empecé a ver cómo la medicina iba sentenciando a la población a vivir cada vez más enferma.

Antiguamente la gente se enfermaba ocasionalmente, hoy casi todo el mundo padece de algo por lo que tiene que medicarse. El mejoramiento de la ciencia médica no ha beneficiado a la gente, sino que la está enfermando de innumerables dolencias que son efectos secundarios de las medicinas alógenas. En este libro leerá estadísticas aterradoras y reportes de lo que sucede en la industria farmacéutica que lo dejarán sin palabras.

En México, mi país natal, así como en muchos países Latinoamericanos la medicina está al alcance de cualquiera que la pueda comprar. Sólo los medicamentos de orden psiquiátrico están regulados. La auto-prescripción es común, por lo que fácilmente se puede adquirir el manual de medicamentos conocido por los farmacéuticos como el "Vademécum". Este es el medio más completo de información sobre medicamentos, sustancias, principios activos, dopaje, interacciones, equivalencias internacionales y laboratorios farmacéuticos. En Estados Unidos las librerías seculares están plagadas de gruesos libros que contienen información sobre todo tipo de medicamentos existentes en el mercado.

Por otra parte, consultar un médico resulta muchas veces costoso y demanda mucho tiempo. Esto hace que en asuntos no muy complejos la gente crea que consultando al farmacéutico o leyendo el Vademécum pueda conseguir la medicina adecuada.

En Estados Unidos una gran cantidad de medicinas para casos simples se encuentran en los mostradores de las farmacias y no se necesita una receta médica para adquirirlos. Se suma a esto, el impresionante bombardeo que hace la televisión anunciando medicamentos y creando una imperativa necesidad de correr a un médico, por todo y por nada.

Los medicamentos forman parte de un ciclo vicioso que como veremos más adelante, lejos de ayudarnos, nos va destruyendo.

Dentro de mí había una estructura de fármacodependencia que había sido edificada desde mi niñez.

Nací al igual que la mayoría en un hospital. En mi caso, mi vida se vio en peligro desde el momento en que vine a este mundo. Nací pesando tan solo un kilo seiscientos gramos debido a que era gemela.

Lo primero que vi en este mundo al abrir mis ojos fue la caja de una incubadora y tubos que me alimentaban.

Obviamente esto lo sé por la información que me dio mi madre. Desde pequeñita me picotearon con una gran cantidad de vacunas y al menor resfriado me llenaban de jarabes y píldoras. En 1954 cuando nací se tenía un médico de cabecera que venía a gran velocidad cada vez que se le llamaba, aunque fuera a altas horas de la noche.

Empezó a ser muy agradable para mi almita en desarrollo el estar enferma. Se me atendía como reina, el doctor me traía siempre un dulce o un juguetito para que viera en sus servicios algo bueno y divertido a la vez. Tenía la atención de mis papás, no me regañaban, me traían la comida a la cama, no tenía que ir a la escuela, podía ver televisión todo el día o que la abuela me leyera un libro de cuentos.

Para hacer la enfermedad y la dependencia a las medicinas todavía más atractiva mi mamá cometía el error de comprarnos el juguete de moda cada vez que nos enfermábamos. Como es lógico darse cuenta, mis hermanos y yo nos volvimos enfermos "profesionales".

Sigilosamente el diablo edificaba en nosotros la estructura que nos conduciría innegablemente a su trampa mortal. Quizás mi caso no es el común, cada uno tiene su historia, pero desde pequeños se nos obliga a depender de la medicina sin saber las terribles consecuencias que esto conlleva. Llenar a los niños de vacunas es parte de la cultura occidental, sin ni siquiera cuestionarnos si es bueno o malo. Asumimos que como lo hicieron con nosotros y todo el mundo lo hace entonces tiene que ser bueno.

Poco a poco y muchos años después de mi conversión a Cristo, Dios empezó a abrir mis ojos para darme cuenta de lo que realmente es la medicina científica y como lejos de ser una solución es una de las causas de muerte y de destrucción del cuerpo más importantes de nuestro tiempo.

Este es un estudio de años de búsqueda en los que vi morir a mis seres queridos, a mis amigos, sin tener la solución para ayudarlos.

La medicina alópata, la común y corriente,antibióticos, analgésicos, anti inflamatorios y todo lo que implica este tipo de medicamentos farmacéuticos se le denomina "Pharmakeia" (farmaqueya). Esta es la palabra griega que se usa para hechicería, y esto se debe a que su origen data de la antigua alquimia que era el arte de hacer medicamentos por medio de hechizos.

"Pharmakeia" es una terrible potestad de las tinieblas, a la cual le damos inconscientemente la bienvenida para que nos vaya matando lentamente. Le damos el poder, la autoridad y muchos le dan la Gloria que sólo pertenece a Dios. La recibimos como si fuera enviada por el mismo Dios, poniendo nuestra fe en ella.

Confiamos tanto en los médicos que de alguna forma los hemos convertido en pequeños dioses que nos rigen con sus diagnósticos y sus consejos. "Pharmakeia", príncipe de las tinieblas se vuelve nuestra esperanza y nos hacemos esclavos de ella, atados de por vida a su ciclo de destrucción.

En este libro estoy desenmascarando a lo que considero uno de nuestros mayores adversarios de este siglo. Aquí, leerá cosas que jamás se imaginaba que podían ser ciertas. Entenderá el origen de la enfermedad y cómo destruirla con el poder de Jesucristo. Entenderá, además, cómo romper las ataduras con "Pharmakeia" y la estructura que ha edificado en su mente y en su cuerpo para matarle.

En estas páginas también recibirá el poder para vivir en perfecta salud. Jesús no llevó en vano sus enfermedades en Sus llagas, pero hasta ahora usted no ha sabido cómo poner en acción está poderosa verdad.

Quiero aclarar, antes de empezar esta exposición, que honro profundamente a todos aquellos médicos que de corazón buscan ayudar a sus pacientes y salvar vidas. Está escrito en el libro de la vida su amor y pasión con que han rescatado de la muerte a tanta gente y han servido a la sociedad.

Siempre habrá lugar para los médicos y Dios los usará en medio de aquellos que todavía no lo conocen en su poder libertador y sanador. También los usará para ayudar a aquellos que en su lucha de buscar la libertad tengan necesidad de ser auxiliados por alguna emergencia.

Mi oración es que Dios levante una nueva generación de médicos con el entendimiento del Reino de Dios, y con Su sabiduría para sanar. Así como la farmacéutica busca sustancias para medicar, los médicos del Reino buscaran en el Señor Jesucristo como conducir a sus pacientes hacia una salud de Reino.

Les enseñarán a entender su cuerpo, cómo nutrirlo, cómo equilibrar las sustancias que sean deficientes en sus organismos y les darán palabras de sabiduría para cambiar patrones de conducta que los tienen enfermos. Por supuesto, estos doctores tendrán como principal arma la oración.

Muchos médicos modernos están dejando la medicina convencional buscando métodos alternativos para sanar. Muchas de estas nuevas formas alternativas están contaminadas por la Nueva Era o por la brujería misma y tampoco proporcionan una solución, pero otras son buenas y nos ayudan.

Creo que Dios está trayendo una sabiduría y un entendimiento celestial para vivir en salud y llevar a los enfermos a su total recuperación.

Creo que los médicos del Reino de Dios serán los que llevarán la vanguardia y muchos correrán a Cristo por causa de ellos. Espero que este libro les sirva de inspiración y de plataforma para conquistar un territorio todavía desconocido para nuestra sociedad, y así ser testigos de muchos milagros en sus consultorios.

Para otros la medicina es tan solo un gran negocio. Mi oración es que ellos también vengan a la verdad, al amor y a la compasión que un día los llevó a alistarse en la facultad de medicina, que conozcan al gran Médico de Médicos quien tiene en sus manos las llaves para sanar toda enfermedad y dolencia.

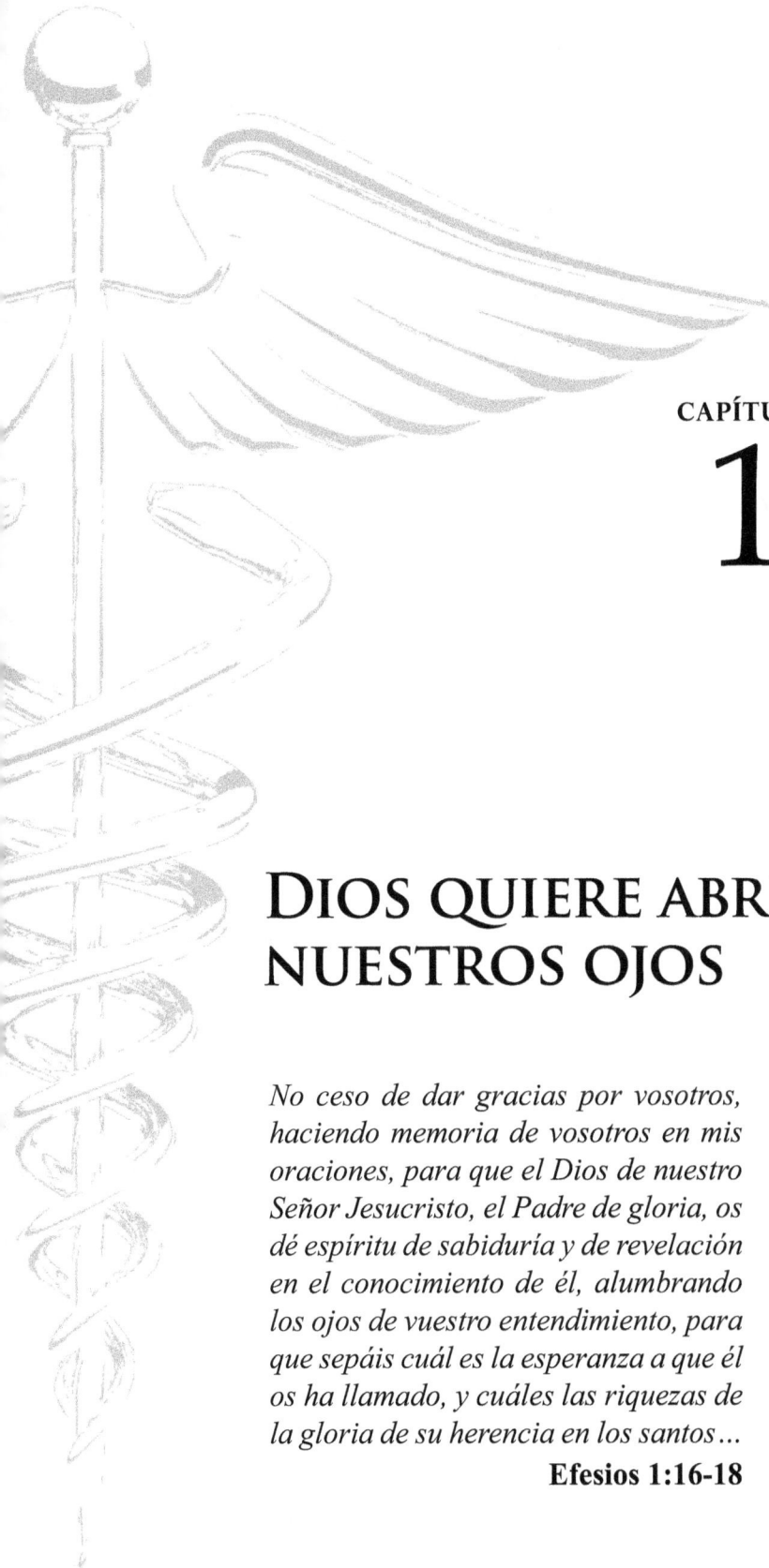

DIOS QUIERE ABRIR NUESTROS OJOS

No ceso de dar gracias por vosotros, haciendo memoria de vosotros en mis oraciones, para que el Dios de nuestro Señor Jesucristo, el Padre de gloria, os dé espíritu de sabiduría y de revelación en el conocimiento de él, alumbrando los ojos de vuestro entendimiento, para que sepáis cuál es la esperanza a que él os ha llamado, y cuáles las riquezas de la gloria de su herencia en los santos...

Efesios 1:16-18

Dios quiere abrir los ojos de nuestro entendimiento para que veamos y entendamos el impresionante diseño en que fuimos creados y la herencia que Él nos dio.

Dios creó a Adán en absoluta perfección, a su imagen y semejanza. Lo hizo de la tierra, de la materia física pero sopló en él Su Espíritu para que fuese un alma viviente. Cuando Dios hizo al primer hombre no lo hizo sólo materia, lo constituyó un ser tripartito: espíritu, alma y cuerpo. Esto significa que el cuerpo no puede funcionar aislado de los otros dos componentes del mundo invisible. Las tres partes del hombre determinan su estado de salud.

Al principio de la Creación el espíritu del hombre estaba unido a Dios, su alma estaba en estado de inocencia, sujetada a la dirección del Espíritu y como consecuencia el cuerpo podía vivir eternamente.

Como podemos ver, hay un orden que tenía como fruto un perfecto estado de salud.

Al entrar el hombre en estado de pecado, éste orden fue alterado. El alma tomó el señorío, la mente se coronó como soberana, sustentada por el conocimiento humano y el cuerpo sufrió las consecuencias de un paulatino deterioro que culminaría en la muerte.

Dios había dicho al hombre que no comiera del árbol del conocimiento del bien y del mal, porque de hacerlo moriría.

> *...mas del árbol de la ciencia del bien y del mal no comerás; porque el día que de él comieres, ciertamente morirás.*
>
> **Génesis 2:17**

> *Entonces la serpiente dijo a la mujer: No moriréis; sino que sabe Dios que el día que comáis de él, serán abiertos vuestros ojos, y seréis como Dios, sabiendo el bien y el mal.*
>
> **Génesis 3:4-5**

Literalmente lo que sucedió es que el hombre cambió el conocimiento, la comunión y el poder de eternidad de Dios, por el conocimiento humano y natural. El hombre aceptó la insinuación del diablo de intentar hacerse un dios y al hacerlo murió espiritualmente. Su espíritu quedó adormecido y sin acceso a su Creador. El alma llena de este conocimiento inferior le diría a partir de este momento, lo que es bueno y lo que no.

La muerte entró por un hombre a toda la raza humana y con ella todo lo que pertenece a ese imperio; la enfermedad, la maldición, el dolor, la tragedia, la oscuridad y el pecado. Todo quedó otra vez desordenado y en tinieblas.

Pese a esto, el cuerpo humano estaba hecho con tal sabiduría que podía sanarse a sí mismo. Dios lo había creado con un sistema de defensa o sistema inmunológico impresionante.

El cuerpo era resistente a las inclemencias del tiempo, a los alimentos que muchas veces estaban ponzoñosos o deteriorados por falta de refrigeración e higiene.

El cuerpo fue hecho por Dios para ser fuerte, para resistir bacterias, parásitos, infecciones, y desajustes de muchas índoles. Dios estableció que el hombre viviera 120 años después del diluvio. El fijó nuestro tiempo de vida y esto es sumamente poderoso.

> El cuerpo fue hecho por Dios para ser fuerte, para resistir bacterias, parásitos, infecciones, y desajustes de muchas índoles

Y dijo Jehová: No contenderá mi espíritu con el hombre para siempre, porque ciertamente él es carne; mas serán sus días ciento veinte años.

Génesis 6:3

Era Moisés de edad de ciento veinte años cuando murió; sus ojos nunca se oscurecieron, ni perdió su vigor.

Deuteronomio 34:7

Por miles de años la descendencia de Abraham no tuvo sino su propio sistema inmunológico y el pacto de bendición de Dios que lo preservaba.

Según un recuento hecho por John G. Lake, el pueblo de Israel vivió sin ver enfermedad por 450 años. En este periodo los únicos que enfermaron fueron el rey Asa quien consultó un médico y los que consultaron a los médicos impíos de Egipto traídos por Salomón cuando se casó con mujeres paganas.

> *En el año treinta y nueve de su reinado, Asa enfermó gravemente de los pies, y en su enfermedad no buscó a Jehová, sino a los médicos. Y durmió Asa con sus padres, y murió en el año cuarenta y uno de su reinado.*
> **2 Crónicas 16:12-13**

Dios había hecho un pacto de salud con su pueblo en el monte Sinaí. La palabra de Dios hablada por Su propia boca bendiciendo a su pueblo era un escudo inexpugnable contra toda enfermedad. Toda la bendición y el Shalom (paz) de Dios, su paz, su prosperidad, su salud, su fuerza, sus ejércitos eran su pacto de amor sobre sus hijos, siempre y cuando no lo quebrantaran. Sin embargo, el Rey Asa prefirió el conocimiento humano sobre el pacto de Dios y esa decisión al igual que a Adán lo condujo a la muerte.

Esa misma bendición de vida y salud está sobre nosotros en Cristo Jesús, quién venció la muerte, la enfermedad, la pobreza, el dolor, y el pecado.

> *Pues si por la transgresión de uno solo reinó la muerte, mucho más reinarán en vida por uno solo, Jesucristo, los que reciben la abundancia de la gracia y del don de la justicia.*

> *Pues si por la transgresión de uno solo reinó la muerte, mucho más reinarán en vida por uno solo, Jesucristo,*

los que reciben la abundancia de la gracia y del don de la justicia. Así que, como por la transgresión de uno vino la condenación a todos los hombres, de la misma manera por la justicia de uno vino a todos los hombres la justificación de vida.

Romanos 5:17-18

La realidad es que tenemos de parte de Dios toda posibilidad de vivir en perfecta salud al apropiarnos de la herencia que Jesús nos dejó.

Según Efesios capítulo uno, la supereminente grandeza del poder de Dios, que lo resucitó de los muertos, venciendo la muerte y todo su imperio, es nuestra herencia como santos de Dios.

Por supuesto esto es cierto, sin embargo ¿por qué millones de cristianos están enfermos? La respuesta es que establecemos ciertas estructuras que nos impiden apropiarnos de lo que es nuestro.

El cuerpo fue hecho por Dios para ser fuerte, para resistir bacterias, parásitos, infecciones, y desajustes de muchas índoles

Porque las armas de nuestra milicia no son carnales, sino poderosas en Dios para la destrucción de fortalezas, derribando argumentos y toda altivez que se levanta contra el conocimiento de Dios, y llevando cautivo todo pensamiento a la obediencia a Cristo, y estando prontos para castigar toda desobediencia, cuando vuestra obediencia sea perfecta.

2 Corintios 10:4-6

Veamos cuáles son esas estructuras de pensamiento que se levantan en contra del conocimiento de Cristo.

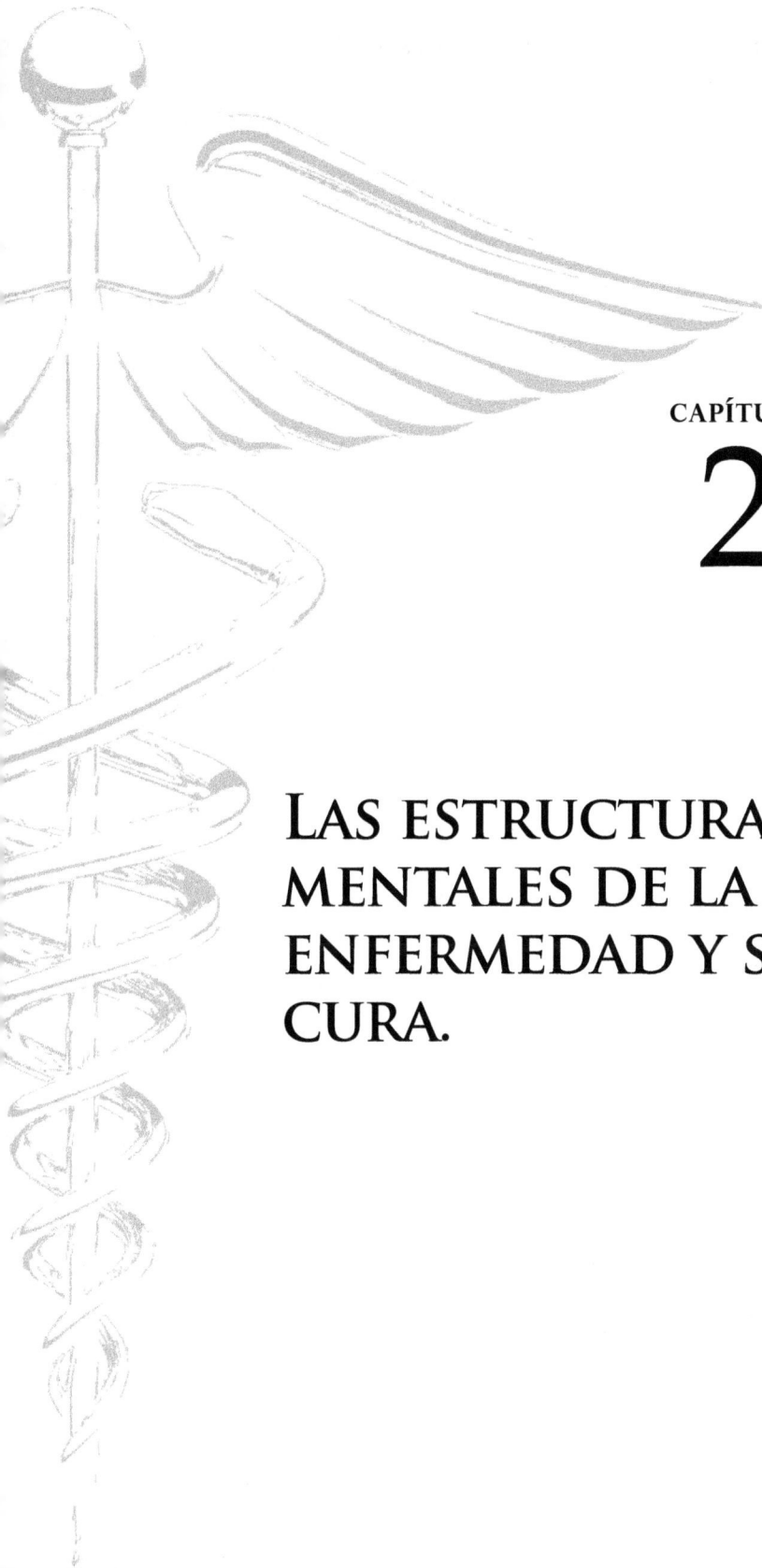

LAS ESTRUCTURAS MENTALES DE LA ENFERMEDAD Y SU CURA.

I. ¿Qué es la enfermedad?

Según el diccionario, la enfermedad es una anomalía del cuerpo o de la mente que causa dolor, disfunción, ansiedad o muerte en una persona. Este término -usado de manera generalincluye, heridas, inhabilidad, desórdenes, síndromes, infecciones, síntomas, comportamientos desviados, entre otros. Literalmente, una enfermedad es la invasión de agentes patógenos.

La ciencia describe la enfermedad sólo desde el punto de vista físico, relacionándola con agentes patógenos tales como virus, bacterias, o malformaciones orgánicas hereditarias. Para ella sólo somos un cuerpo que un día se transforma en polvo. Sin embargo, cuando la ciencia se encuentra con algo que no entiende ni puede diagnosticar, lo describe como psicosomático, o sea, el paciente manifiesta síntomas que se originan en su mente.

La ciencia médica describe al cuerpo humano como algo independiente del alma y del espíritu, negando la existencia de estos dos últimos componentes. La ciencia pretende ser la última palabra para tratar una enfermedad. La realidad es que el alma en su estado corruptible se va llenando de rencores, depresiones, mentiras, heridas no sanadas, tristezas, odios, iras, envidias, disensiones, celos, idolatrías y hechicerías, todas obras de la carne mencionadas en la epístola a los Gálatas, capítulo 5. Son éstas las que minan el alma y culminan enfermando el cuerpo.

El Dr. Carlos Miranda[1] dice al respecto:

"El concepto de enfermedad es complejo, inciden muchos aspectos, visiones, paradigmas, que se pueden transformar con las visiones histórico-sociales de cada individuo.

La palabra enfermo proviene del latín ´infirmus´ que significa debilidad, endeble, impotencia, palabra derivada de ´firmus´: firme.

Entonces quien no está firme, está enfermo. Este último es el proceso referido a la pérdida y alteraciones de la salud, basado en la sociedad moderna.

Es pertinente, comentar que hay confusiones entre malestar y enfermedad. El malestar es la experiencia subjetiva de la persona, es decir, sentirse mal y la manera de vivirlo; la enfermedad en cambio, es una categoría científica, separada de la experiencia personal del sujeto enfermo, situada en el conocimiento médico. Ambas pueden coexistir, una persona puede sentirse mal, sin estar enferma como es el caso de las alteraciones en la afectividad, o puede estar enferma sin sentirse mal, como es el caso de las alteraciones metabólicas incipientes: diabetes, hiperuricemia, hipercolesterolemia, etc.

Por lo tanto para que los médicos diagnostiquen las enfermedades tienen que separarla de la sensación de malestar, pues esta ofrece una interpretación subjetiva de lo patológico. Esto es importante, debido a que el malestar implica valores y creencias que interactúan con dolencias como el susto, la caída del cabello, la muina (enojo), el empacho (vergüenza o indigestión de comida), entre otras.

La enfermedad, aunque tiene raíz biológica, se define socialmente y esta circunscrita por aspectos sociales que la determinan. Por lo tanto la enfermedad es un desorden en la estructura y dinámica del individuo que consideramos enfermo. Esta enfermedad es el resultado de la integración de diversos órdenes alterados en la realidad del hombre: el psico-orgánico, el social, el histórico y el personal.

La metodología médica, así concebida, se basa en la dualidad espíritu-materia (incompatibles entre sí) y en la fragmentación del cuerpo. Tanto así, que una disciplina reputada como humanista no posee un concepto integral del hombre, orienta sus conocimientos a un cuerpo fragmentado artificialmente y concebido exclusivamente en su función biológica.

De esta manera se habla de un cuerpo animalizado, un hombre máquina. Ello de por sí es grave, y más cuando se advierte que es una disciplina que trata de la vida, del dolor y de la muerte, pero que carece de una interpretación filosófica acerca de estos conceptos. La práctica de la medicina, después de haber pasado durante el último siglo por un periodo de fragmentación y creación de especialidades tendrá que evolucionar hasta integrar los mismos fragmentos en los que se dividió".

Como vimos en el capítulo anterior y según Dios, la enfermedad entró al hombre como resultado del pecado y de la muerte espiritual. Está asentada en el reino de las tinieblas y es parte de las obras del diablo para matar y destruir.

> Toda enfermedad se origina en el territorio del diablo y, es por ende, espiritual

Todos nacemos en pecado y condenados a morir. Nacemos en estado de oscuridad hasta que nos encontramos con la luz verdadera que es Jesucristo. A partir de ese momento es nuestro derecho y nuestra obligación apropiarnos de todo lo que Jesús conquistó para nosotros. Esto no sucede automáticamente cuando nos convertimos, ya que tenemos que llevar a la "Victoria de la Resurrección" cada parte de nuestro ser, espíritu, alma y cuerpo. Todo tiene que entrar en la luz de nuestro Mesías.

En el momento de la caída del hombre, las tinieblas tomaron autoridad sobre la humanidad. Satanás es quien tiene la potestad de la muerte y de la enfermedad, por lo tanto, toda enfermedad se origina en el territorio del diablo y es por ende, espiritual. Luego pasa del mundo invisible, y se hace visible en el mundo natural.

Ahora bien, si entendemos el origen de la enfermedad y qué es lo que le da sustancia, podremos lidiar con ella por medio de las armas espirituales que Dios nos dio.

Esto, la ciencia lo califica como locura o fanatismo religioso, pero es Dios quien nos creó y no la ciencia.

La oscuridad, en todas las formas con las que opera en el alma, es la que produce y da forma a la enfermedad. Oscuridad son todos los pecados, sentimientos y formas de pensar negativas que se oponen a Dios. Pero ¿qué es en sí la oscuridad? La oscuridad es esencialmente la ausencia de la luz. Es la luz la que tiene sustancia y poder, las tinieblas no tienen sustancia. ¿Qué quiero decir con esto? Cuando enciendo la luz de mi casa, no tengo que luchar ni empujar las tinieblas hacia afuera para después establecer la luz.

Automáticamente en la presencia de la luz, las tinieblas desaparecen".

> Oscuridad son todos los pecados, sentimientos, y formas de pensar negativas que se oponen a Dios

En él estaba la vida, y la vida era la luz de los hombres. La luz en las tinieblas resplandece, y las tinieblas no prevalecieron contra ella.

Juan 1:4, 5

La luz es la VERDAD, y la oscuridad la mentira. La luz es la vida y la oscuridad, la muerte. Satanás es real, es un espíritu y es el padre de toda mentira y quien por el temor a la muerte tiene al mundo sujeto a servidumbre (Hebreos 2:15). Todo su imperio es falso, es un engaño. Es una simulación que aparenta tener existencia pero que no la tiene, su gran poder consiste en hacernos creer que algo es real, cuando no lo es.

Mi esposo Emerson en su libro "Sumergidos en Él"[2] habla magistralmente de satanás como el gran ilusionista, el gran mago hacedor de trucos fraudulentos, con los que engaña a la humanidad.

El problema es como lo dijo el mismo Señor:

"Mi pueblo fue destruido, porque le faltó conocimiento".

Oseas 4:6

Es el mundo invisible el que gobierna sobre el mundo natural y no al revés. Si queremos ver la Victoria en nuestros cuerpos y en nuestra vida necesitamos entender donde radica la raíz del problema. La solución está en echar hacha a la raíz del árbol y no en tratar de podar las ramas.

Si opresión de pobres y perversión de derecho y de justicia vieres en la provincia, no te maravilles de ello; porque sobre el alto vigila otro más alto, y uno más alto está sobre ellos.

Eclesiastés 5:8

La enfermedad es en sí mentirosa e insubstancial, pero el hombre le da poder y realidad

Aquí vemos que lo que se hace visible en el mundo natural se debe a un gobierno espiritual que está sobre ello. Esto quiere decir que si quien está sobre la enfermedad es el padre de toda mentira, ésta por lo tanto es una mentira.

En lo natural parece real, bacterias, virus, el aparente deterioro está ahí. Las radiografías, tomografías y toda forma electrónica de diagnóstico muestran la anomalía, el tumor o la enfermedad. Pero la verdad es que no tienen sustancia y son tan sólo una abominable mentira.

La mentira pierde su poder cuando es traída a la luz. Por ejemplo, cuando alguien está haciendo un fraude, y engaña a gente con su palabrería y documentación falsas, al principio todos le creen. Pero cuando la mentira sale a la luz y el fraude es expuesto, por más que quiera el estafador ya no podrá engañar a nadie. Perdió su poder y su habilidad para hacer creer algo falso y toda su estructura fraudulenta se vino abajo.

La enfermedad en sí es mentirosa e insubstancial, pero el hombre le da poder y realidad. Es la mentalidad alejada de Dios, y de Su palabra, nuestras actitudes negativas y sentimientos enfermos y corruptos con los que enfrentamos la vida, los que nos van enfermando.

Las enfermedades se arraigan a la oscuridad, esto es al odio, al rencor, a la envidia, a pleitos, fornicaciones, codicias y cosas semejantes así como también colocar nuestra confianza en el hombre antes que en Dios.

Tenemos que vernos primero a la luz de la palabra de Dios y entonces nos veremos como realmente somos y en qué niveles de oscuridad hemos sido albergados.

2. El gran show

Cuando alguien camina en luz, en amor y en la verdad de Cristo, no tiene por qué enfermar. Sin embargo vemos gente preciosa de Dios creyéndose las mentiras con las que el diablo los quiere intimidar. Esto es lo que sucede cuando el diablo monta el gran espectáculo de "la terrible enfermedad", generando síntomas escandalosos e imágenes ilusorias en los instrumentos de diagnóstico. Toma la boca y la mente de un elocuente médico quien declara la enfermedad, dándole sustancia con todo tipo de argumentos.

El paciente cree sin lugar a dudas en el diagnóstico y las soluciones que propone el médico.

En ese momento se somete en espíritu, alma y cuerpo a creer en el diagnóstico. Se siente horrorizado, lo comenta a todos sus conocidos, estos a su vez se ponen de acuerdo con la gran mentira y lo atan todavía más.

La cirugía es inminente, el médico ha dicho "QUE NO HAY OTRO REMEDIO". El pobre enfermo se la cree al cien por ciento, repitiendo en su interior estas palabras una y otra vez. Con cada pensamiento le da forma y sustancia dentro de su ser a la enfermedad. Está plenamente convencido que

La esencia de las cosas no se encuentra en el mundo físico, sino en el espiritual

lo único que le queda como alternativa es ser intervenido con el bisturí.

Por si acaso, porque es un hombre de "fe" le pide a Dios un milagro después de haber hecho la cita en el quirófano, y le da 24 horas para efectuarlo. No cambia su forma de pensar, espera pasivamente el milagro mientras alimenta en su interior las palabras "todopoderosas" del cirujano.

Al cumplirse las 24 horas le da Gloria a Dios por haberleprovisto alguien que le haga todo tipo de incisiones y lo llene de anestesia. El pastor ora por él y la iglesia lo acompaña en su dolor.

Satanás no solo cumplió sus propósitos sino que ahora está en posesión absoluta de ese cuerpo para infringirle todo tipo de medicamentos que destruirán su sistema inmunológico y le dejarán una serie de secuelas y efectos secundarios. Luego usará este daño colateral para producir su siguiente ataque.

Todo esto en medio de Aleluyas y glorias a Dios.

Ahora entendamos algo, en el mundo natural todo se ve real, el médico no es el que está mintiendo, el está actuando y diagnosticando de acuerdo a sus sentidos y conocimientos de la realidad. Pero la verdad, la esencia de las cosas no se encuentran en el mundo físico, sino en el espiritual.

La realidad es que Dios no se lleva la Gloria cuando sólo son palabras que salen de nuestra boca, mientras ignoramos Sus principios para escuchar lo que tiene que decir el hombre. Jehová es el verdadero "TODOPODEROSO DIOS", quien tiene las respuestas a nuestras enfermedades.

Consultarlo a Él debe ser siempre nuestra PRIMERA INSTANCIA.

3. El poder del diagnóstico versus la Palabra de Dios

El poder que le hemos otorgado al diagnóstico médico es una fortaleza que hemos edificado en nuestro interior y que ejerce gran señorío cuando tenemos que tomar decisiones.

La sociedad, los medios de comunicación, los gobiernos, las facultades de medicina y las compañías farmacéuticas, han hecho de los doctores LA AUTORIDAD INEQUÍVOCA que tiene la última palabra en cuanto a la vida y la muerte.

Oímos constantemente: "consulte a su médico".
Estados Unidos está plagado de letreros con este eslogan. Para meterse a la piscina, para darse un masaje o darse un baño de sauna, para hacer cualquier deporte, para subirse a una atracción en el parque de diversiones, en fin, para

todo y para nada hay que consultar al médico. Esto lo hacen para evitar que los demanden por no advertir el peligro y en algunos casos hay gente que debe cuidarse más que otra. Pero a lo que quiero llegar es que al ser bombardeados por esta frase, se forma en nosotros una estructura de pensamiento, la cual es muy poderosa cuando tenemos que tomar decisiones sobre nuestra salud.

Las palabras de un doctor tienen una gigantesca autoridad, ya que por siglos hemos puesto nuestra confianza y dependencia en ellos. Ellos son los sabios y los "pastores" en cuanto a enfermedad se refiere, y nosotros sus ovejas que los seguimos a donde nos guíen.

> *Las palabras de los sabios son como aguijones; y como clavos hincados son las de los maestros de las congregaciones, dadas por un Pastor.*
> **Eclesiastés 12:11**

Cuando con una sonrisa en los labios dicen: "no se preocupe con esta medicina vamos a controlar su enfermedad y usted se va a sentir bien", entonces la gente se llena de una fe inquebrantable y sale feliz de la consulta médica.

Cuando con el rostro serio dicen: "desgraciadamente tiene un cáncer muy agresivo y no hay nada que hacer" o "tiene que operarse lo antes posible" o "si deja esas pastillas, se muere" o "usted ya no puede hacer nunca más su deporte favorito", o "su problema es que usted es bi-polar".

Esas palabras se sellan con fuego en el corazón, edificando una nueva fortaleza muy difícil de vencer.

La Biblia dice:

La muerte y la vida están en poder de la lengua, y el que la ama comerá de sus frutos.

Proverbios 18:21

Lo que hablamos tiene un poder extraordinario para dar vida o para destruir.

Jesús dijo:

El espíritu es el que da vida; la carne para nada aprovecha; las palabras que yo os he hablado son espíritu y son vida.

Juan 6:63

Las palabras de un diagnóstico negativo son también espíritu, pero son para muerte, un aguijón que no nos deja ni de día ni de noche.

Sale de la boca del médico con la intención de ser recibida como una verdad irrefutable. Nosotros mismos y la sociedad le hemos conferido ese poder.

El Apóstol Pablo decía:

¡Oh gálatas insensatos! ¿quién os fascinó para no obedecer a la verdad, a vosotros ante cuyos ojos Jesucristo

> Las palabras de un diagnóstico negativo son también espíritu, pero de muerte

fue ya presentado claramente entre vosotros como crucificado?

Gálatas 3:1

Las palabras de hombres de autoridad producen una fascinación la cual ejerce un poder por encima de lo que Dios ha dicho. Y si a esto le añadimos que "Pharmakeia" el espíritu de hechicería anda buscando echar su anzuelo en el consultorio, cuan grande no será esta seducción. Por qué no empezamos a decir "Consulte a Dios" en vez de "consulte a su médico". ¿Tendrá Dios algo que decir que sea más poderoso que lo que dice la ciencia médica? Quien creó al hombre con todo su amor, ¿no podrá curarlo? Desde luego que sí.

Dios no quiere eliminar a los médicos, quiere reeducarnos a nosotros y a ellos, poniendo Su consciencia en nuestra forma de pensar.

> Dios no quiere eliminar a los médicos, quiere reeducarlos, poniendo Su consciencia en ellos

El problema radica en que no sabemos arrebatar las promesas y el poder de Dios para vivir en salud de Reino. Creemos que si no nos sanamos en la cruzada de sanidades o después de que el pastor haya orado por nosotros, entonces ya no hay nada que hacer más que correr a "Pharmakeia". ¡Esto es falso!

Dios quiere abrirle los ojos

para que vea y entienda cómo sanarse y vivir en salud, y si usted es médico, quiere enseñarle cómo serlo a favor del Reino de Dios.

Ahora déjeme darle luz con respecto a lo que sucede en nuestro interior, mucho antes de tomar la crítica decisión de una cirugía, de aceptar una enfermedad crónica o letal, o decidir tomar medicamentos.

4. La estructura de enfermedad dentro de nosotros

Como explicaba en la introducción, desde pequeños vamos formando ideas y estructuras mentales que son las que determinan nuestro comportamiento. Este fundamento humanístico falso y anti-escritural es el que surge en el momento de tomar una decisión drástica.

Desde niños empezamos a programar nuestra mente a través de lo que continuamente escuchamos.

En este caso la secuencia es: Enfermedad= correr al doctor= recibir un diagnóstico= solución: tomar un medicamento y en el peor de los casos ser hospitalizados.

Esta secuencia la escuchamos de nuestros padres o tutores, en la escuela, entre familiares y amigos, en la iglesia, en

En Estados Unidos, el 60% de los anuncios de TV, aluden a enfermedades y medicamentos

la televisión, en el cine, en los anuncios en las calles y en las campañas de gobierno. ¡Está por todos lados! Es lo que la mayoría piensa y cree y por lo tanto la forma de pensamiento nacional y mundial está determinada a partir de esta secuencia. Esta secuencia es tan poderosa que es una fortaleza muy difícil de quebrantar. Nos parece lógica, es aceptada por la sociedad, el gobierno y la Iglesia.

Constantemente oímos este ciclo en una y en otra persona. En Estados Unidos el 60% de los anuncios televisivos aluden a enfermedades y medicamentos, 15% se relacionan con comida chatarra que conlleva inevitablemente a enfermarse, y otro tanto sobre compañías de seguros, para pagar las medicinas y hospitales.

Por todos lados somos bombardeados por una estructura de pensamiento y de acción que tiene atrapada a la mayoría de la gente, incluyendo los hijos de Dios.

No solo la gente ha ido formando esta estructura sino también las facultades de Medicina. Desde que el aspirante a la carrera de Medicina ingresa a la universidad es poderosamente convencido de que LA ÚNICA FORMA DE CURAR LA ENFERMEDAD ES A TRAVÉS DE LA CIENCIA. Oye un millón de veces.

"No hay otro camino", "en tus manos está la vida o la muerte", "tu eres la solución junto con los instrumentos y medicamentos que la ciencia ponga en tus manos". Crean dentro de ellos, el concepto de que todo el mundo necesariamente está enfermo o lo estará en algún momento.

Son entrenados por años en la facultad, a ver la enfermedad única y exclusivamente desde el punto de vista físico y desde una filosofía humanista que les dice: el hombre y sus adelantos médicos son LA ÚNICA SOLUCIÓN. Se les acondiciona a creer, vivir y perpetuar un sistema de enfermedad.

La Dra. Ghislaine Lanctot escribe en su libro "La Mafia Médica"[3]:

"El llamado sistema sanitario es en realidad un sistema de enfermedad. Se practica una medicina de la enfermedad y no de la salud. Una medicina que sólo reconoce la existencia del cuerpo físico y no tiene en cuenta ni el espíritu, ni la mente, ni las emociones. Y que además trata sólo el síntoma y no la causa del problema. Se trata de un sistema que mantiene al paciente en la ignorancia y la dependencia, y al que se estimula para que consuma fármacos de todo tipo".

La facultad de Medicina, los concilios y agrupaciones, los congresos médicos y farmacéuticos crean en los doctores estructuras de pensamiento que aún para ellos se transforman en "la inquebrantable verdad". Son acondicionados para jamás cuestionarse si lo que han aprendido está o no aprobado por Dios.

Nunca antes una sociedad ha estado tan enferma como ahora

Yo misma oí aún a los predicadores decir tantas veces: la medicina es de Dios, porque al diablo no le interesa sanar a nadie. ¡Qué pensamiento tan genial!,pensé por muchos años.

Y sería verdad, si realmente fuera la respuesta, y su fruto fuera una sociedad cada vez más sana. "Por sus frutos los conoceréis". Desgraciadamente está produciendo lo contrario, nuestras generaciones están enfermas desde que nacen y aún desde el vientre de la madre. Nunca una sociedad ha estado tan enferma y con tantas nuevas dolencias como la nuestra.

Algo está muy mal y empieza por nuestras estructuras de pensamiento en cuanto a la enfermedad. La gente no nace, crece y se desarrolla con estructuras y pensamientos de salud, de fuerza, de vigor y longevidad. Nuestras culturas están contaminadas de pensamientos erróneos y contrarios a Dios. Nos han llenado de temor a la enfermedad, a lo inesperado, y a la muerte. Tienen a la gente -cristianos incluidos- dando vueltas en un ciclo de muerte del que tienen que ser libres.

Un artículo publicado por el Dr. Joseph Mercola[4] dice lo siguiente:

"...como ha sido demostrado repetidamente y como se puede ver en la última lista de medicamentos de alto riesgo publicada por la FDA (Food and

Drug Administration) (Administración de Alimentos y Drogas), la industria farmacéutica NO está produciendo elixires mágicos para una Buena salud.

Al contrario, la industria está ganando poder y fuerza propagando la enfermedad y sin proporcionar su cura.

> En 2009, el consumo promedio por americano estuvo entre 12 y 18 medicamentos

Desafortunadamente, tratar los síntomas de las enfermedades con medicamentos, invariablemente creará problemas en la salud, lo que conduce a tomar más drogas para contra restar los efectos secundarios de las primeras y así otra y otra más. Es un ciclo maligno, si se analizan las estadísticas de las medicinas que se prescriben por individuo, éstas han aumentado drásticamente en los últimos 75 años.

En 1929 al americano promedio se le prescribían 2 medicamentos al año, para el 2006 la tasa promedio de medicamentos prescritos por individuo en Estados Unidos fue:

• Más de 4 medicinas por niño (Edad 0-18)

• Casi 11 medicinas por adulto (Edad 19-64)

• 28 medicinas por adulto en la tercera edad (más de 65 años".

En el 2009 el consumo promedio por persona fue entre 12 y 18 medicamentos[5]. Esto sin contar las innumerables pastillas y jarabes que se consiguen sin prescripción médica, lo que aumentaría la lista de un 100 a un 200% más o menos, siendo conservadores al respecto.

En Latinoamérica estas cifras son impensables dada la libre administración de medicamentos que no requieren receta médica. Si estas medicinas produjeran una sociedad saludable, cada año se irían haciendo menos indispensables y nuestros países gozarían de una mejor salud.

Tenemos que darnos cuenta qué tanto médicos como pacientes han sido envueltos en un ciclo de destrucción que no está beneficiando sino a los productores de fármacos.

Hoy tenemos enfermedades que no existían antes y que son el resultado de las toneladas de químicos nocivos que consume nuestra sociedad.

Luego la enfermedad no solo proviene del pecado y la iniquidad generacional, sino también de un sistema de adicción que ha destruido el organismo de quienes lo consumen de sus hijos y de sus nietos, etc, etc. Otra estructura de pensamiento que produce enfermedad, es cuando ésta es usada como una forma de manipulación, para obtener la atención del marido, de los hijos, o de los padres.

Hay personas que por no tener resueltos sus problemas de baja estima y rechazo, crean literalmente enfermedades que se manifiestan en sus cuerpos para controlar a sus seres queridos. Es como un mecanismo de auto - defensa totalmente equivocado y destructivo.

Cuántas veces no oímos de madres que se enferman para tener agarrados a los hijos, y luego los manipulan con frases parecidas a esta: ¡cómo te atreves a dejarme aquí sola y enferma!

Los problemas sentimentales no solucionados crean una gran cantidad de enfermedades del corazón, que algunos usan para crear culpabilidad en el conyugue y castigarlo de esta manera. La solución no son drogas químicas sino ir a la raíz del problema y solucionarlo.

Cuando yo era pequeña veía que todos los alumnos de la escuela que llegaban con un brazo o una pierna enyesada se convertían en el héroe de la clase. Todos estaban alrededor de ellos. Los yesos eran casi como un trofeo lleno de firmas y dibujos que los niños atesoraban como la gran cosa.

Desde luego yo quería romperme algo y si tenía la suerte de que me hospitalizaran eso me pondría en el pedestal más alto para cautivar la atención de todo el mundo. Desde luego que lo logré. Nunca me rompí nada pero cuando me operaron de apendicitis sentí que me sacaba la lotería.

En la secundaria y preparatoria enfermarme era un maravilloso escape de todas mis obligaciones. Gracias a Dios nunca me enfermé de nada grave. Pero se fue creando dentro de mí una profunda deformación en mi forma de pensar. Para mí, como para la mayoría, los médicos eran como "salvadores", un refugio a quien correr, alguien maravilloso lleno de soluciones, una especie de dios que tenía todas las respuestas.

Esto que casi parece un chiste, es una realidad que se va edificando en nuestra mente, a través de diferentes circunstancias, escusas, y razonamientos. Unos tan tontos e infantiles como en mi caso y otros con más fundamento.

La gente se hace un panorama mental de todo lo que le sucederá en la vida. Si hay una enfermedad en la familia como cáncer, diabetes o algo grave, las personas se empiezan a predisponer para tener dicha enfermedad. Cada vez que visitan a un médico se les pregunta si estos padecimientos se han presentado en su familia. Tanto el doctor como el paciente están convencidos que la enfermedad latente brotará un día.

Lo que quiero que se dé cuenta es cómo nos vamos haciendo una idea mental y una estructura de pensamiento que el diablo inevitablemente usará para destruirnos. Nuestra naturaleza caída está hecha para creer lo que dice la ciencia y los médicos por encima de lo que dice Dios. Tenemos que hacerla pedazos para que surja la nueva criatura en Cristo Jesús, si no nuestros propios pensamientos le darán lugar y vida a la enfermedad.

Continuamente oigo: Al llegar a tal edad, los huesos se llenan de osteoporosis, la menopausia es terrible, produce depresión por falta de hormonas, los dientes se caen a los tantos años, esto produce cáncer y esto otro también, ya viene la temporada de gripas, no salgas sin cubrirte porque te va a dar pulmonía, si no me tomo esta medicina me va a pasar esto y esto otro y verbalizan algo trágico. Éstas, como otros centenares de declaraciones acondicionan la mente para hacernos propensos para que aquello que tememos nos suceda.

Lo que el impío teme, eso le vendrá; pero a los justos les será dado lo que desean.
Proverbios 10:24

Todos esos pensamientos son impíos, no son de Dios, ni provienen de la mente de Cristo.

Yo estaba absolutamente convencida que si no me medicaba era incapaz de sobrevivir. Vivía creyendo todas estas cosas como si fueran la verdad inmutable, sólo porque la ciencia y muchos médicos así lo creen.

Lo bueno es que Dios no piensa así.

> *Porque yo sé los pensamientos que tengo acerca de vosotros, dice Jehová, pensamientos de paz, y no de mal, para daros el fin que esperáis. Entonces me invocaréis, y vendréis y oraréis a mí, y yo os oiré; y me buscaréis y me hallaréis, porque me buscaréis de todo vuestro corazón.*
>
> **Jeremías 29:11-13**

La pregunta importante que nos debemos hacer, frente a un bombardeo tal de la medicina y de nuestras propias estructuras es:

5. ¿Podrá la ciencia sanar lo que no creó?

Como ya vimos, la ciencia sólo pretende sanar nuestros cuerpos, desasociándolos de nuestra realidad mental, emocional, y espiritual. Esto es lo mismo que tratar de arreglar un auto que no anda, tratando sólo con la carrocería. Nuestro organismo es un complejo aparato maravillosamente conectado entre sus tres principales componentes: El cuerpo, el alma y el espíritu.

Nuestro Creador es el único que tiene los planos de tan genial ingeniería. El es el único que entiende cómo se interrelaciona la materia física con el cuerpo invisible del espíritu, y cómo estos están vinculados por un tercer componente invisible llamado el alma.

El hombre natural con toda su ciencia es incapaz de ni siquiera concebirlo.

Deje el impío su camino, y el hombre inicuo sus pensamientos, y vuélvase a Jehová, el cual tendrá de él misericordia, y al Dios nuestro, el cual será amplio en perdonar. Porque mis pensamientos no son vuestros pensamientos, ni vuestros caminos mis caminos, dijo Jehová. Como son más altos los cielos que la tierra, así son mis caminos más altos que vuestros caminos, y mis pensamientos más que vuestros pensamientos.

Isaías 55:7-9

▌ Pintura alegórica de Alexander Egorovich Beideman (1857) mostrando el horror con que la Homeopatía y Samuel Hahnemann contemplan a la medicina de la época.

Y también dice acerca de la sabiduría de Dios y la de los hombres:

> *Porque lo insensato de Dios es más sabio que los hombres, y lo débil de Dios es más fuerte que los hombres. Pues mirad, hermanos, vuestra vocación, que no sois muchos sabios según la carne, ni muchos poderosos, ni muchos nobles; sino que lo necio del mundo escogió Dios, para avergonzar a los sabios; y lo débil del mundo escogió Dios, para avergonzar al fuerte.*

1 Corintios 1:25 - 27

El ser humano tratando de sanar lo que es un diseño divino es lo mismo que un niño de seis años tratando de arreglar los circuitos de un jet. Lo único que puede hacer es poner dos cables juntos, regocijarse porque hace chispitas de colores y descomponer la máquina.

Esto suena cruel, pero desgraciadamente es una realidad. Siempre reconociendo que en algunos casos han puesto la flecha en blanco y logrado la sanidad. Como vimos anteriormente la necesidad de ingerir medicamentos está aumentando progresivamente. Sine embargo, cada año nuestras naciones están más enfermas que el año anterior.

Según un estudio[6], realizado por los doctores Gary Null,

En Estados Unidos, mueren anualmente 783.956 personas debido a errores cometidos por la medicina convencional

Carolyn Dean, Martin Feldman, Debora Rasio y Dorothy Smith, 783.936 personas mueren al año en los Estados Unidos debido a errores cometidos por la medicina convencional. Esto equivale a 6 jumbo jets estrellándose diariamente en un año.

Si unimos la cantidad de gente que muere por errores médicos, con los que fallecen por efectos secundarios de la medicina prescrita, y las fatalidades por auto prescripción y abuso de medicamentos, nos encontramos con una cifra que es 104.700% más alta que los fallecidos a causa del terrorismo.

Estas estadísticas nos llevan a concluir que muchos de los grandes avances de la ciencia médica no están ayudando a la humanidad, sino destruyéndola.

No quiero decir con esto que no hay lugar en absoluto para la medicina. Hay casos en que obviamente es necesaria una cirugía o el auxilio de paramédicos que tantas vidas han salvado.

Por supuesto si alguien necesita ser suturado o enyesado o tratado a causa de un accidente, un ataque cardíaco o algo similar, los médicos tendrán que atenderlo. También si un parto pone en peligro a la madre o al niño una cesárea será indispensable, y así muchos otros casos.

Lo que Dios quiere que nos demos cuenta es lo que la Industria farmacéutica está haciendo en contra de la humanidad, me refiero a los abusos y aberraciones a los que ha llegado con la comercialización de la medicina.

La enfermedad se ha convertido en algo generalizado. En aras de vender más productos han creado lo que ahora se conoce como medicina preventiva y la de factor de riesgo.

Éstas tratan de llenar de fármacos a la gente que pudiera potencialmente enfermarse. De esta manera se aseguran que todos estén entre sus clientes. Las estadísticas muestran que el 81% de la población consume medicamentos[7].

En Latinoamérica es impresionante observar la multiplicación de farmacias en los últimos años. Hay zonas donde hay una farmacia en cada cuadra. En Estados Unidos y Latinoamérica la mayoría de los grandes cadenas de supermercados tienen farmacia incluida.

Esto no es el diseño de Dios para sus hijos. Ni Dios ha puesto Sus soluciones en los sabios de este mundo. El hombre por más que coma del árbol de la ciencia del bien y del mal, jamás podrá -en su limitada sabiduríacomponer un cuerpo que ha enfermado, sin dañarlo en el intento. Esto está en la sola facultad de quién lo hizo y sabe cómo funciona un organismo integral.

Dios quiere levantar hombres y mujeres llenos de Su conocimiento y de Su ciencia para ayudar a los desvalidos y necesitados de salud. Doctores de salud y conocimiento de vida, ungidos para sanar y para orientar al pueblo de Dios y al mundo cómo vivir en "Salud de Reino".

En la medida que avancemos en este estudio le resplandecerán las soluciones y la bendición que Dios tiene preparada para usted. Lo que quiero hacer primero es darle luz para que vea una estructura de destrucción y de muerte que no le está ayudando en nada.

La luz viene para dar entendimiento y revelación y no para condenar a nadie. La intención de mi corazón es mostrarle la puerta de salida y darle respuestas a sus necesidades. Cada uno tomará decisiones conforme a su fe y de acuerdo a su caso. Recuerde, los pensamientos de Dios son de continuo bien para su vida. El quiere verle saludable y lleno de fuerza para llevar a cabo la obra que El le ha encomendado.

Démosle ahora un vistazo a la historia y veamos de donde proviene la Farmacéutica o "Pharmakeia" en su nombre original y qué piensa Dios de los que la practican.

Bibliografía

1. Comentarios por el Dr. Carlos Miranda. "La Medicina está enferma", Federico Ortíz Quesada, Limusa. The World Health Organization, CDC (Departamento de Servicios Humanos y de Salud, Centro para la Prevención y Control de Enfermedades).

2. Ferrell, Emerson: "Sumergidos en El", Voice of The Light Ministries, 2010, pp 206.

3. Ghislaine, Lanctot: "La Mafia Médica" Vesica Piscis, 2002, pp. 258.

4. Mercola, Joseph: Artículos obtenidos de www.mercola. com. y el libro "The No-Grain Diet", E.E.U.U, 2003, pp. 292.

5. www.statehealthfacts.org

6. Resumen del reportaje: "Death by Medicine" realizado por Gary Null, Carolyn Dean, Martin Feldman, Debora Rasio y Dorothy Smith. www.lef.org

7. Bremmer, J. Douglas: "Before you take that pill", Avery Trade, 2008. p. 10.

EL ASPECTO ESPIRITUAL DE LA CIENCIA MÉDICA CONVENCIONAL

I. "Pharmakeia" Una potestad de las tinieblas

Pharmakeia (farmaqueia) es el nombre de una potestad de las tinieblas arraigada entre los hombres desde el antiguo Egipto. Es el espíritu de hechicería, de brujería y ocultismo que surgió de ese imperio.

La palabra griega "Pharmakeia", está traducida como hechicería y magia en nuestras Biblias. De su raíz "Pharmakon" que quiere decir: veneno, drogas, medicamento; provienen las palabras, farmacia, fármacos, droga, drogadicción, fármaco-dependencia; mientras que la palabra "pharmakos" se traduce como hechicero o brujo.

Bienaventurados los que lavan sus ropas, para tener derecho al árbol de la vida, y para entrar por las puertas en la ciudad. Mas los perros estarán fuera, y los

hechiceros, (pharmakos) los fornicarios, los homicidas, los idólatras, y todo aquel que ama y hace mentira.
Apocalipsis 22:14-15

Al igual que un conjuro o una pócima mágica, el espíritu de "pharmakeia" busca atar a los hombres para hacerlos adictos a un sistema que los esclavice de por vida. Como acabamos de leer en este pasaje, quienes están atrapados en ese sistema no pueden entrar en las poderosas dimensiones del Reino de Dios en la tierra.

Alguien puede alcanzar salvación estando atado a medicamentos, pero nunca gozará de la salud y los beneficios que Dios le entregó por herencia.

A mí, Dios me rescató de la brujería y del ocultismo, pero jamás tendría la autoridad que ahora Dios me ha dado sobre este espíritu, si no hubiera vencido primero toda atadura con "pharmakeia".

> **"Pharmakeia" busca atar al hombre para hacerlo adicto a un sistema que lo esclavice de por vida**

Muchos quieren tener autoridad sobre la hechicería, liberar a los cautivos de la brujería, de la drogadicción, mientras ellos mismos están atados por las cadenas de "pharmakeia".

Se asustan porque sus hijos están presos de las drogas y oran por ellos desde las mismas celdas de la fármacodependencia.

Esto es un asunto mucho más serio de lo que nos imaginamos y a través de lo que va a leer a continuación se dará cuenta que "pharmakeia" no puede sanarlo, ni tiene el poder para hacerlo, ni es la voluntad del diablo hacerlo.

"Pharmakeia" es una arma de destrucción, una bomba de tiempo

"Pharmakeia" es un arma de destrucción, una bomba de tiempo que tarde o temprano hace sus estragos. Si bien alguna medicina le dio la ilusión de una sanidad pasajera, el precio está arraigado en sus propias células y algún día saldrá a flote y lo tendrá que pagar.

La solución está en el conocimiento de Dios a través de su hijo Jesucristo, quién conoce verdaderamente los planos de nuestro organismo.

"Pharmakeia" no opera sola, está íntimamente relacionada con "Mamón", el dios de las riquezas, y como lo veremos enseguida, su origen surge cuando el hombre quiere fabricar oro. Hoy por hoy la industria farmacéutica en el mundo produce cerca de un trillón de dólares anuales y es parte de todo un sistema organizado que controla a gran parte de la humanidad.

2. "Pharmakeia" en la historia

Es importante conocer el origen de la medicina, para entender el trasfondo espiritual que la rodea. Es en el origen de todo lo que ha hecho el hombre donde se arraigan los poderes de las tinieblas para influir en una sociedad. Si el origen no es cambiado, no importa cuántas transformaciones sufre una práctica o una ciencia, su aspecto espiritual seguirá siendo el mismo.

La medicina alópata moderna tiene su origen en la antigua "alquimia" (del árabe al-khimia). Esta es una antigua práctica protocientífica y una disciplina filosófica que combina elementos de la química, la metalurgia, la física, la medicina, la astrología, la semiótica, el misticismo, el espiritualismo y el arte. La alquimia fue practicada en Mesopotamia, el Antiguo Egipto, Persia, India, China, en la Antigua Grecia, el Imperio Romano, en el Imperio Islámico. Después sería difundida en toda Europa hasta el siglo XIX, a través de una compleja red de escuelas y sistemas filosóficos que abarca al menos 2500 años.

La alquimia occidental ha estado siempre relacionada con el hermetismo, un sistema filosófico y espiritual que tiene sus raíces en Hermes Trimegisto, una sincrética deidad greco-egipcia y uno de los más grandes ocultistas. En la época Moderna, la alquimia evolucionó en la actual química, pero los espíritus que le dieron origen siguen controlándola.

Hermes con el conjunto de dioses paganos que sustentan el sistema alquimista y farmacológico tienen gran importancia entre los ocultistas.

La alquimia fue una de las principales precursoras de las ciencias modernas, y muchas de las sustancias, herramientas y procesos de la antigua alquimia han servido como pilares fundamentales de las modernas industrias química y metalúrgica. Aunque la alquimia adopta muchas formas, en la cultura popular es citada con mayor frecuencia en historias, películas, espectáculos y juegos como el proceso usado para transformar plomo (u otros elementos) en oro. Otra forma que adopta la alquimia es la búsqueda de la piedra filosofal, con la que pretendían lograr transmutar oro o conseguir la vida eterna.

En el plano espiritual de la alquimia, los alquimistas debían transmutar su propia alma antes de transmutar los metales. Esto quiere decir que debían purificarse, prepararse mediante la meditación y rituales específicos para obtener el poder de trasmutar la materia.

El amor a la riqueza y su búsqueda fueron el fundamento de la alquimia y hoy por hoy de la farmacéutica. Su meta era:

• Encontrar una "panacea", un remedio universal contra todas las enfermedades.

• Encontrar la piedra filosofal.

• Encontrar el "Alkahest", un disolvente universal a base de carbonato de potasio. (de este procede el nombre del común remedio Alka-seltzer)

3. La alquimia como disciplina espiritual y filosófica

Los alquimistas sostenían que la piedra filosofal amplificaba místicamente el conocimiento de quien la usaba tanto como fuera posible. En ella estaba contenida la sabiduría para producir la "panacea" universal (medicamento) y para producir oro. pero ¿qué era esta piedra? En su forma espiritual era la manifestación del Basilisco, un dragón alado con cabeza y patas de gallo.

Basilisco es conocido como el dios de la sanidad.

Los alquimistas procuraban este animal, porque decían que de sus cenizas mezcladas con sangre humana y cabello rojizo se podía producir el anti-veneno (medicamento) y también oro. Éste era conocido en su forma espiritual como el "rey de las serpientes". De ahí que las serpientes las encontramos siempre asociadas con la medicina. No es casualidad que satanás en forma de serpiente incitara a la primera pareja a comer de la ciencia del bien y del mal.

Desde 1448 se empezaron a encontrar muchas figurillas y estatuas de basiliscos en Basel, Suiza. No es una coincidencia que hoy, esta ciudad sea uno de los centros más importantes de la industria farmacéutica del mundo. Ahí se encuentran los laboratorios de Ciba, Novartis, Roche, Basilea Pharmacéutica, Acino Holding conocida también como Syngenta.

El Basilisco y la piedra filosofal eran uno y el mismo. El dios de la sanidad que prometía oro y medicamentos. La serpiente como el gallo en la Biblia son símbolos de traición y de muerte.

La serpiente sólo necesita "inyectar" el veneno en su víctima y luego se retira. Es un ataque silencioso al interior del cuerpo, casi desapercibido, que lenta y dolorosamente conlleva a la muerte.

El gallo, como en el caso del Apóstol Pedro está ligado a la traición con la que él negó a Jesús. Es anunciador del mal que ya no se puede remediar, que trae el tormento del alma y depresión. El áspid ataca el cuerpo, el gallo la mente, un conjunto diseñado para destruir.

A partir de la Edad Media algunos alquimistas empezaron a ver cada vez más la metafísica como el auténtico cimiento de la alquimia. Ellos consideraban a las sustancias químicas, los estados físicos y procesos materiales como meras metáforas de entidades, estados y transformaciones espirituales. De esta forma, tanto la transmutación de metales corrientes en oro como la "panacea" universal simbolizaban la evolución desde un estado imperfecto, enfermo y corruptible hacia un estado perfecto, sano, incorruptible y eterno. La piedra filosofal o Basilisco representaba la clave mística que haría esta evolución posible.

▌ La serpiente es la base del símbolo de la medicina.

El nombre más importante de este periodo es Paracelso (1493–1541). Junto con los alquimistas de su tiempo, Paracelso trató de producir entes vivos dentro de una probeta. A estos seres artificiales se les llamó Homúnculos (pequeño hombre) o Basilisco. Estos entes frecuentemente se aparecían como ayudadores demoníacos para facilitar las prácticas alquimistas.

Entre los escritos de Paracelso aparece la fórmula para crearlo.

Ésta es una combinación de esperma y sangre humanos con estiércol de caballo además de otros ingredientes, el cual tras reposar por 40 días creaba una especie de niño transparente y muy pequeño.

El declaró "la magia es una gran sabiduría oculta y la razón una abierta tontería". Paracelso[1] fue pionero en el uso de compuestos químicos y minerales en medicina. Escribió: "Muchos han dicho que la alquimia es para fabricar oro y plata. Para mí no es tal el propósito, sino considerar sólo la virtud y el poder que puede haber en las medicinas".

Sus puntos de vista herméticos eran que la enfermedad y la salud del cuerpo dependían de la armonía del hombre (el microcosmos) y la naturaleza (el macrocosmo). Paracelso dio un enfoque diferente al de sus predecesores, usando esta analogía no como referencia a la purificación del alma sino a que los humanos deben mantener cierto equilibrio de minerales en su cuerpo y que para ciertas enfermedades había remedios químicos que podían curarlas.

4. La alquimia en Grecia, fundamento de la medicina actual

La alquimia en Grecia es uno de los fundamentos más importantes de la medicina actual. Los grandes filósofos, pensadores, e inventores de la ciencia en occidente provienen de esta cultura.

Grecia fue muy influenciada por la magia y la alquimia de Egipto y algunos de sus dioses son análogos entre ambas mitologías. Cabe destacar que la primera figura médica identificable en el Antiguo Egipto fue Irnhotep; médico, arquitecto, estadista y músico. Este vivió hasta el año 2950 A.C y a él se debió la construcción de la pirámide de Saqqara, no lejos del Cairo, que hoy es la estructura de piedra más antigua existente en el planeta.

La ciudad griega de Alejandría en Egipto era un centro de conocimiento alquímico que retuvo su preeminencia durante la mayor parte de las eras griega y romana. Los griegos se apropiaron de las creencias herméticas- egipcias y las unieron con sus filosofías. "Hermes" se convirtió entonces en el dios de la ciencia, la comunicación, la alquimia y la química.

Hermes es el encargado de los dioses de llevar las almas de los muertos al Hades (infierno).

Bajo el símbolo de Hermes, la gente es llevada a la cautividad de la enfermedad, la fármacodependencia y la muerte.

Porta en su mano una vara mágica con dos serpientes enroscadas en ella. Con esta vara hace dormir a la gente y le trae sueños.

La palabra "caduceo" proviene de una raíz griega que quiere decir la varita de un "heraldo" o "bordón". Tanto la vara de Mercurio como el Bordón de Escolapio, que veremos más adelante, nacieron del culto a la serpiente. Entre los egipcios, las serpientes eran los guardianes de las tumbas de los Faraones ya que éstas guardan las puertas del inframundo.

La Tabla Esmeralda o Hermética, de Hermes Trimegisto, conocida sólo por traducciones griegas y árabes, es normalmente considerada la base de la filosofía y práctica de la alquimia occidental, denominada por sus primeros seguidores como filosofía hermética.

Fueron este tipo de magos alquimistas a los que se enfrentó Moisés, los llamados Janes y Jambres.

Vinieron, pues, Moisés y Aarón a Faraón, e hicieron como Jehová lo había mandado. Y echó Aarón su vara delante de Faraón y de sus siervos, y se hizo culebra.

> *Entonces llamó también Faraón sabios y hechiceros,*
> *e hicieron también lo mismo los hechiceros de Egipto*
> *con sus encantamientos; pues echó cada uno su vara,*
> *las cuales se volvieron culebras; mas la vara de Aarón*
> *devoró las varas de ellos.*
> **Éxodo 7:10-12**

Es interesante notar que la liberación más importante del pueblo de Israel empieza por una confrontación con los alquimistas egipcios, en otras palabras con "Pharmakeia". Desde ese entonces Dios está diciendo: "Mis soluciones se devoran las serpientes de la alquimia, mi poder es mayor que el de 'Pharmakeia'".

Más adelante los alquimistas vuelven a entrar a Israel durante el tiempo de Salomón, cuando varias de sus esposas impías los hacen traer, y estos abren de nuevo el camino a la enfermedad. El más grandioso imperio de paz, salud y prosperidad es contaminado y de ahí vendría su caída.

Resulta claro cómo las serpientes y los dioses que las representan, están íntimamente relacionados entre sí para sustentar y promover la obra de "Pharmakeia".

▌ La palabra caduceo proviene del griego "vara de olivo con guirnaldas".

La vara posee dos serpientes entrelazadas que componen el símbolo de la medicina.

▌ Serpiente egipcia. Está relacionada con la alquimia egipcia, base del espíritu de "Pharmakeia".

Uno más que se añade a la lista es el mismo satanás bajo el nombre de Asclepio (palabra griega) o Esculapio (palabra romana). Su cetro es el actual símbolo de la Farmacéutica.

Este es el dios de la medicina, cuyo origen está en la mitología griega que decía que él siempre tenía una serpiente enrollada a su vara.

El culto a "Esculapio" se estableció en el siglo V A.C, y fue uno de los más relevantes del Mundo Antiguo.

En la Mitología, los dioses, además de causar enfermedades y muerte, también las curaban y sanaban heridas. En la Antigua Grecia, como en Egipto, la medicina religiosa se estableció muy firmemente. Los sacerdotes en sus templos y santuarios deseaban satisfacer las necesidades humanas. La enfermedad en la Antigua Grecia podía ser tratada por dioses y semidioses que practicaban el arte de sanar. Apolo tuvo bajo su dependencia la salud y la medicina, la pureza corporal y la espiritual, fue el dios del canto y del verso hexenético.

Inicialmente, Apolo era el más importante, pero fue secuencialmente eclipsado por su hijo Asclepión (Asclepio o Esculapio) que se transformó en el último tercio del siglo V A.C, de un héroe de culto menor a un dios mayor.

El culto a "Esculapio" y la medicina actual

Los templos de "Esculapio" son un prototipo de los hospitales de hoy. De acuerdo a varios historiadores el culto a "Esculapio" se llevaba a cabo de la siguiente manera:

Primero se les bañaba en alguna de las muchas piscinas del templo y se les hacía pagar un honorario a Apollón (Apolo):

"Al anochecer los enfermos se acuestan en camas dentro de unos túneles especiales a los que llamaban "Klines". De esta palabra griega se deriva "Clínica". Estos cuartos estaban destinados al sueño terapéutico ("Incubación"). Los siervos del templo llamados en griego terapeutas apagan la luz y piden silencio. Un sacerdote recoge el pan de oblación de los altares. Después aparece el dios "Esculapio" escoltado por sus dos hijas y un esclavo. Van de cama en cama para examinar a los enfermos, mezclando ungüentos y jarabes".

Entre las hijas se incluían "Hygeía", diosa de la "salud"; "Akeso"; "Leso" y "Panakeia", la que todo lo curaba, diosa de los medicamentos. También lo acompañaba su esposa "Epiona" (la dulce) y a veces sus hijos "Pocaleiro" y "Macaón".Tanto los enfermos como los sacerdotes que entraban en contacto con "Esculapio", en sus sueños se les revelaban los métodos de curación. Algunos soñaban que la serpiente de "Esculapio" les picaba y entonces eran sanados.

Hablaban con un sacerdote del templo, quien analizaba el método de curación. Durante todo el tiempo del tratamiento el paciente se quedaba en un cuarto de huéspedes. Como parte de la terapia tenían teatro y espectáculos.

El famoso hospital del Mundo Antiguo, dedicado al dios de

la salud, "Esculapio", "El Asclepion" queda a 3,5 km del centro de Pérgamo, en la dirección de Esmirna. Aquí vivió el célebre médico, Galeno, padre de la medicina moderna. A los médicos de aquel tiempo se les conocía como discípulos de San Esculapio.

Este templo en Pérgamo es al que se refiere el libro del Apocalipsis, como el "trono de satanás".

Y escribe al ángel de la iglesia en Pérgamo: El que tiene la espada aguda de dos filos dice esto: Yo conozco tus obras, y dónde moras, donde está el trono de Satanás...
Apocalipsis 2:12-13 (a)

Según el mismo Jesucristo, quien está revelando esto a Juan, este Templo, prototipo de los hospitales de hoy, lo llama templo de satanás. No estoy diciendo con esto que los hospitales son templos de satanás pero tampoco niego su presencia en ellos.

"Esculapio" tenía una hija llamada "Hygeia" (palabra griega que significa salud). Esta es la diosa de la salud y patrona de los farmacólogos. De su nombre se deriva la palabra "hygiene", su hermana "Panakeia" es la diosa de los medicamentos y de la hechicería. De esta última proviene la palabra panacea, el elixir que todo lo cura.

▮ Esculapio (para los romanos) Asclepio (para los griegos), dios de la Medicina y calculación.

"Esculapio" trataba con la sanidad y ella con la prevención de enfermedades. Ella fue adorada desde el 700 A.C y después de la plaga que azotó Atenas en el 430 A.C su culto se extendió hasta la ciudad de Delphi.

Su imagen siempre está acompañada de una serpiente enroscada en su brazo bebiendo de un tazón.

Este símbolo está por doquier en hospitales y farmacias junto con el de "Esculapio". Y para certificar todavía más su relación con el ocultismo, en algunos países se le agregó una runa druida.

Ahora veamos la influencia de todos estos dioses y sus conjuros con la medicina de hoy.

▌ Símbolo de Hygeia (Serpiente con tazón) Se encuentra en muchos hospitales y farmacias de todo el mundo.

4.1 El Juramento Hipocrático

Hipócrates nació en el 460 A.C y provenía de la línea generacional de Asclepiades, uno de los seguidores del dios de la salud, "Esculapio". Está considerado como padre de la medicina y de la ciencia y fundador de la primera escuela para médicos.

En la mayoría de las facultades de medicina el Juramento Hipocrático es la primera ley a la que se tiene que sujetar el graduado de la facultad de medicina. Es considerado una tradición y parte del ritual de graduación.

En universidades cristianas y en algunas católicas, este ha sido substituido por un juramento más contemporáneo.

El juramento empieza de la siguiente manera:

"Juro por Apolo el Médico y Esculapio y por Hygeia y Panacea y por todos los dioses y diosas, poniéndolos de jueces, que este mi juramento será cumplido hasta donde tenga poder y discernimiento…

… A nadie daré una droga mortal aún cuando me sea solicitada, ni daré consejo con este fin. De la misma manera, no daré a ninguna mujer pesarios abortivos".

El Templo de Asclepion (Grecia) fue el centro médico más grande de la Antiguedad. Dentro de él se realizaban todo tipo de ritos de purificación para sanar a los enfermos.

Los dioses Hygeia y Esculapio son representaciones de la ciencia médica. Padre e hija son parte del simbolismo oculto de la medicina moderna.

Hygeia es conocida como diosa de la salud, la limpieza y sanación.

Este juramento culmina así:

> "Ahora, si cumplo este juramento y no lo quebranto, que los frutos de la vida y el arte sean míos, que sea siempre honrado por todos los hombres y que lo contrario me ocurra si lo quebranto y soy perjuro'.

En este juramento, el recién graduado de medicina tiene que entregar su carrera jurando por el mismo satanás. Y si llega a quebrantar su pacto, porque ha visto la verdad de la medicina o se ha convertido a Dios, inmediatamente se hace sujeto de maldición.

Jura no dar a nadie una droga mortal, cuando los fármacos son en sí un veneno. El mismo origen de la palabra "Pharmakos" quiere decir veneno, hechizo, brujería.

En la mayoría de las facultades de medicina el juramento hipocrático es la primera ley a la que se somete el recién graduado

Más adelante tocaré con detalle las abominaciones de la química actual y cómo la medicina alópata (Según la Real Academia de la Lengua Española la alopatía es la Terapéutica cuyos medicamentos producen en el estado sano fenómenos diferentes de los que caracterizan las enfermedades en que se emplean) mata y destruye en lugar de curar.

En general muchos médicos estánn de acuerdo con que la medicina alópata tiene sus riesgos en diferentes escalas. Los que están abandonando este tipo de medicina, han llegado a la conclusión de que ésta no puede curar a nadie, sino tan sólo encapsular o disminuir un síntoma.

Reconocen también que sus efectos secundarios destruyen el sistema inmunológico del cuerpo y en muchos casos son terriblemente agresivos en contra de los órganos vitales y llegan en muchos casos a ocasionar la muerte.

Hoy, hay medicinas y tratamientos que en casos muy particulares hacen maravillas a corto plazo, sin embargo, se desconocen las consecuencias a largo plazo. Ningún laboratorio espera 20 años haciendo experimentos sobre un medicamento antes de sacarlo al mercado. Aún los mismos laboratorios saben que cada cuerpo reacciona diferente y que sería imposible pronosticar las reacciones en cada individuo.

La mayoría de los médicos desconocen el contenido de los medicamentos y los resultados a los que los investigadores se enfrentan en los laboratorios farmacéuticos. También reconocen que los cruces de sustancias químicas diagnosticadas por doctores que no tienen relación entre sí, aumentan el riesgo de efectos secundarios y reacciones inesperadas.

Recientemente leí un artículo publicado por Dr. Mercola, denunciando los medicamentos que la FDA (Food and Drug Asossiation) consideraba de alto riesgo.

Este decía[2]:

"No crea por un minuto que su médico tiene todas las respuestas y las últimas investigaciones farmacéuticas en la punta de la lengua. No las tiene. La mayoría de los médicos tienen poco que ofrecerle por encima de la publicidad que leyeron en un panfleto del representante del laboratorio que los visita".

En su libro "La verdad sobre las compañías farmacéuticas"[3] (The truth about Drug Companies) Marcia Angell escribe sobre otras formas en que las compañías productoras de fármacos distorsionan el flujo de información sobre los riesgos y beneficios de los medicamentos que llega a los médicos. En este libro ella sostiene que la mayoría de la información que los médicos tiene sobre las medicinas, la reciben por medio de los representantes de las compañías farmacéuticas.

Estos son por lo general atractivas jóvenes sin ningún trasfondo médico o científico. De hecho como lo declara el New York Times[4] en la edición de Noviembre 28 del 2005 estas compañías reclutan las jóvenes universitarias que conducen la animación en los partidos de fútbol Americano.

Este articulo se llamó: "Gimme and Rx contratan Cheer-leaders (porristas) para inflar la ventas de fármacos." Ahora volviendo al Juramento Hipocrático, el médico que se sometió a este, hizo un juramento que invita por jueces a los dioses del infierno, y al mismo tiempo, desconoce el verdadero riesgo de la medicina que prescribe.

Por otro lado jura no prescribir un medicamento abortivo, cuando una gran cantidad de anticonceptivos son métodos abortivos, además de otros medicamentos que ellos saben y/o desconocen.

Por muchas causas el médico queda atado a maldición mientras diagnóstica, opera, y receta. Si usted querido lector es un médico necesita cancelar en el nombre de Jesucristo, ese pacto y entregarle su carrera al Padre eterno, al único Dios verdadero Jehová-Rophe (Jehová el sanador). Este es uno de sus nombres.

La antigua alquimia dejó sus semillas bien plantadas en el mundo espiritual. Hoy, aunque fue transformada en su aspecto externo con la ciencia y el materialismo, en el interno, en sus raíces, sigue teniendo las mismas metas y los mismos gobernadores. La farmacéutica de hoy sigue regida por el espíritu de "Pharmakeia", es decir, por los dioses griegos, que son demonios paganos y por las metas de la alquimia.

"Pharmakeia", sigue levantando sus símbolos y emblemas, sus serpientes, caduceos y morteros en hospitales, farmacias, laboratorios y muchos consultorios médicos, y esto con la aprobación de la ciencia.

En la Universidad de Viena hay una pintura de Gustav Klimt llamada "Medicina". En este cuadro se ve a una mujer que no es otra sino "Hygeia", sosteniendo un tazón con una serpiente en actitud seductora atrayendo la humanidad a la muerte.

▌ Diosa Hygeia
por Gustav Klimt

Bibliografía

1. The Hemetic and Alchemical Writings of Paracelsus, Two Volumes, London, 1894 revisada en 2002.

2. Mercola, Joseph: Artículos obtenidos de www. mercola.com. Libro "The No-Grain Diet", Usa, 2003, pp. 292.

3. Angell, Marcia: "The Truth about Drug Companies", Random House Trade, 2005. pp. 354.

4. www.nyt.com

CÓMO FUNCIONA LA FARMACÉUTICA (FARMACOCRACIA)

P harmakeia es un espíritu de las tinieblas cuyo propósito es esclavizar, y paulatinamente matar a la gente. En su forma al desnudo se manifiesta como brujería y en su forma sofisticada y disfrazada, lo hace a través de drogas y fármacos.

Debido a que es el mismo espíritu en una y en la otra, operan de la misma forma. La farmacéutica de hoy funciona de manera semejante a la brujería, o que la antigua alquimia.

No estoy llamando brujo a ningún médico, estoy tratando de exponer el sistema en que opera este espíritu. Cuando alguien consulta un

> *"Pharmakeia"* es un espíritu de las tinieblas, cuyo propósito es esclavizar y paulatinamente matar a la gente

curandero, brujo, o sanador de la Nueva Era, estos le darán al enfermo una efecto de una gran curación o un milagro sobrenatural.

Este prodigio incrementa la fe de la persona hacia su curandero o sanador, dejándola atada espiritual, emocional y corporalmente al espíritu de brujería.

Más adelante este mismo espíritu ESCLAVIZANTE traerá otro mal a la persona, ya que confía en que su curandero hará otro milagro, por lo tanto, lo volverá a consultar.

"Pharmakeia" requiere de ofrendas y sacrificios que el consultante debe pagar. Ningún servicio hecho por "Pharmakeia" es gratis, ni barato.

Los medicamentos operan de la misma manera que la hechicería. Tienen un efecto que aparenta sanidad, pero tan sólo está encapsulando los síntomas para que el paciente se sienta bien. Una serie de efectos secundarios y daños, muchas veces irreversibles, van acompañados con las drogas farmacéuticas.

Desde una simple náusea, hasta ataques cardíacos, terribles complicaciones al hígado, páncreas, Alzheimer, demencia, depresión, pérdida de memoria, hemofilia y hasta suicidios son algunas de sus muchas consecuencuas. El sistema inmunológico que Dios creó empieza a dañarse

> Los medicamentos operan igual que la hechicería... aparentan sanidad, pero sólo encapsulan los síntomas

poco a poco hasta quedar en algunos casos inservible, creando una de las tantas formas de inmunodeficiencia (Según la Real Academia de la Lengua Española esto es un estado patológico del organismo, caracterizado por la disminución funcional de los linfocitos B y T, de los productos de su biosíntesis o de alguna de sus actividades específicas).

Los órganos al ser afectados por los químicos, empezarán a crear problemas mayores en la salud, pero cómo pusimos la confianza en la medicina, recurrimos a ella nuevamente, para adquirir nuevos medicamentos que nos seguirán destruyendo. En sentido espiritual, "Esculapio" ha conseguido de esta manera esclavizar a la gente.

Dios quiere edificar Su templo en usted, pero "Esculapio" también. La serpiente ha conseguido infiltrar su veneno y la sabiduría del hombre, "el conocimiento del bien y del mal" lo celebra y lo recomienda.

En Grecia se describe el ritual de "Pharmakos" (brujos) como uno de sacrificios humanos. Este ritual se llevaba a cabo en muchas ciudades y colonias. Se realizaba cuando era necesario limpiar una ciudad ante la amenaza de plagas, pestilencias, o peligros de guerras y hambres. Para salvar a la mayoría de la población se sacrificaba a una o varias víctimas que apodaban "Pharmakos". A estas se les trataba bien por un período de tiempo y luego eran maltratados y asesinados por los habitantes de la población.

Todos los habitantes participaban de este rito, pero muchas fuentes ocultan la realidad de sus muertes. "Pharmakeia" necesita víctimas, es decir, que unos mueran para que otros vivan por un tiempo y luego también mueran.

"Pharmakeia" está demandando las víctimas que los

laboratorios necesitan. Otros tantos son conejillos de indias para probar sus pócimas de muerte.

He visto en la televisión Norteamericana reclutar personas públicamente para probar diversos tipos de medicamentos en seres humanos. Otros probarán sus drogas haciéndolo a usted su conejillo de laboratorio.

Hace muchos años cuando yo todavía estaba atada a este sistema, fui a consultar a un médico amigo. Estando en la consulta llegó un representante de un laboratorio farmacéutico. Mi amigo lo atendió delante de mí, ya que yo era de su confianza. Escuché como hacía la presentación y luego le dejó un montón de muestras para que las probara con sus pacientes.

El catálogo estaba lleno de gráficas muy atractivas y convincentes con fórmulas químicas y una lista de beneficios. Los dos lo miramos y él dijo, "mira qué maravilla, la solución a tu problema nos acaba de caer en las manos". Me regaló una bolsa llena de pastillas y me dijo "avísame como te sientes, a ver si subimos o bajamos la dosis". Inocentemente y creyendo a ciegas la buena voluntad del laboratorio farmacéutico me convertí en su conejillo de pruebas. Le preguntó, ¿cuántas veces usted ha sido usado por ellos?

Si "Pharmakeia" es la solución a nuestras enfermedades cierro la boca y la honro, pero si es nuestro verdugo y Dios tiene caminos más altos, es nuestro deber revelar la mentira y traer la verdad. Por eso, debemos descubrir juntos sus caminos en el área de la salud y cómo caminar en ellos para formar una sociedad de gente saludable, fuerte y poderosa.

La medicina de hoy forma parte de un gran plan financiero

y de control de la humanidad. Un sistema organizado que provee billones de dólares a los gobiernos y a la mega industria farmacéutica.

Como todas las estructuras diabólicas, cautiva en ignorancia tanto a médicos como a pacientes.

En un artículo publicado por el Dr. Joseph Mercola1 estipula lo siguiente:

"Es difícil muchas veces entender el poder de la industria farmacéutica, pero consideren esto: en 2007 el mercado global de fármacos se estimó en $693 billones de dólares. Se calcula que en el 2008 se incrementó hasta los $ 737 billones, y para el 2013 se estima que soprepase el $1 trillón de dólares.

Para poner en perspectiva estos números estratosféricos, en el 2007 la industria farmacéutica tenía un valor mayor que el total del producto interno bruto, el cual equivale a todo lo que producen los Estados Unidos en un año.

De acuerdo a las estadísticas del Banco mundial la industria farmacéutica produjo:

• Bélgica $448.5 billones

• Suecia $444 billones

• Suiza $415.5 billones

• Noruega $382 billones

• Arabia Saudita $381.7 millones

Cuando comparo la industria farmacéutica a un gigantesco club de hacedores de dinero, lo estoy diciendo con toda intención. Su poder influencía los gobiernos, la forma en que se maneja la medicina convencional y la mente de las

En 2007, la industria de fármacos se estimó en $693 billones. Para el 2013 se estima que pase el trillón de dólares

personas a través de técnicas de mercadeo masivas únicas en su género."

En los Estados Unidos más del 50% de los comerciales por televisión anuncian medicamentos. Somos bombardeados con las más elocuentes formas audiovisuales que cautivan y seducen a la población a adquirir más y más drogas.

Se inventan enfermedades de todo tipo, creando temor en la gente.

Les hacen creer que la menor molestia o síntoma que estén sintiendo se debe a una enfermedad que necesariamente tiene que ser medicada. La gente después de oír cientos de veces lo mismo, empieza a sentirse mal y a generar los síntomas que promueven.

Dr. J Douglas Bremner en su libro "Antes de tomar esa píldora" [2] (Before You Take that pill) describe que:

"Los Estados Unidos es el único país del mundo donde usted puede encender la TV y escuchar un anuncio que le dice "pídale a su doctor esta medicina". Los doctores muchas veces prescriben medicinas las cuales ellos no piensan que los pacientes necesitan. Por ejemplo, un estudio mostró que el 54% del tiempo los médicos prescriben una medicina solicitada por el paciente".

En una ocasión un médico me dijo: "ya no quiero prescribir medicamentos, pero los pacientes se enojan si no les doy una receta llena de medicinas. Me dicen que la consulta no vale si no salen de ahí con una prescripción".

En Latinoamérica no tienen ni que consultar al médico, el que atiende la farmacia es el que receta, y no estoy hablando del farmacólogo sino del vendedor. Y ¿cómo lo hace? Leyó la receta que otra persona trajo, el cliente le dijo: "esto me lo dio el doctor para esta enfermedad, me dijo que era la mejor". Cuando entra el siguiente cliente con el mismo problema el vendedor se jacta de gran conocedor y le prescribe la receta del cliente anterior. De esta manera "Pharmakeia" va cobrando las víctimas que requiere en su altar de sacrificios.

> "En Estados Unidos, el 54% del tiempo, los médicos prescriben medicinas solicitadas por el paciente"

Tan sólo con oír los efectos secundarios, uno se da cuenta que ahí no está la solución. Hay casos en que las consecuencias de los medicamentos son tan inverosímiles que hasta dan risa o susto, como el del síndrome de las piernas que no descansan. Para esta nueva enfermedad sugieren medicamentos cuyo efecto secundario es "una irresistible necesidad de ir a apostar en un casino".

Este reporte apareció el 23 de enero del 2010 enla edición de neurología de la Clínica Mayo. [3]

"Un nuevo estudio de Clínica Mayo es el primero en describir un compulsivo deseo de salir a apostar en pacientes tratados con medicamentos que estimulen los receptores de dopamina en el cerebro".

Esta reacción, como también el caso de suicidios, arranques de ira, angustia, desesperación, locura, entreotros son efectos obviamente anímicos y espirituales. El Dr. Mercola en el artículo sobre la industria farmacéutica que estábamos citando, continúa diciendo:

"Lo que la mayoría de la gente no se da cuenta es la magnitud de la influencia financiera que ejerce, y por eso los han cegado y engañado manipulándolos con la falsa percepción de "ayudar a la humanidad".

"Como he demostrado muchas veces a través de las listas de medicinas que La FDA considera de alto riesgo y que sin embargo se siguen vendiendo, la industria farmacéutica no está interesada en producir elixir y medicamentos que ayuden a la salud. Todo lo contrario la industria se fortalece y aumenta su poder no por traer la cura sino propagando la enfermedad".

"Nuestra sociedad se ha convertido en una "farmacocracia" donde para la menor temblorina o hipo se necesita un medicamento. Inevitablemente tratar las enfermedades con drogas (medicinas) traerá problemas más adelante."

> "La industria farmaceútica se fortalece no por traer la cura, sino propagando la enfermedad"

Bibliografía

1. Mercola, Joseph: Artículos obtenidos de www. mercola.com. Libro "The No-Grain Diet", Usa, 2003, pp. 292.

2. Bremmer, J. Douglas: "Before you take that pill", Avery Trade, 2008.

3. Natural Health Center, artículo publicado en septiembre 27, 2008

Un Sistema Organizado

Muchas preguntas surgen, cuando tratamos un tema que involucra a casi toda la humanidad. Un tema que de no tratarlo con justicia puede traer más males que beneficios. Lo cierto es que estamos viviendo una época en que Dios está exponiendo muchos sistemas que están mal, sacando a la luz la perversión y la maldad que existen en medio de nuestra sociedad.

Dios es un Dios de justicia y es bajo este parámetro que debemos analizar este delicado asunto. Las preguntas que nos debemos hacer son:

• ¿Es la farmacéutica la respuesta a la enfermedad?

•¿Están realmente interesados los grandes laboratorios farmacéuticos en sanarnos y una vez sanos que dejemos de consumir sus productos?

• ¿Les interesa realmente a las compañías de seguros, que estemos sanos o les conviene una sociedad enferma llena de temores corriendo a comprar su seguro, para el día malo?

• ¿Qué le interesa más a un hospital, mandarnos a casa con un diagnóstico benigno, o crear una emergencia que nos lleve a una operación? ¿Cuántas veces ha oído a un médico cirujano decir "yo le recomiendo que se hospitalice ahora mismo, su caso no puede esperar".

En la antigüedad todos los bebés nacían en las casas, hoy los cirujanos más reputados tienen más casos de cesáreas que de partos normales. De hecho, ellos proveen un sinnúmero de razones por las cuales es mejor programar este tipo de operación que tener un parto normal.

•¿Le conviene a los gobiernos que las compañías farmacéuticas vendan poco y paguen impuestos promedio? o ¿es mejor crear un sistema de temor y dependencia que produzca billones de dólares, tanto para los laboratorios, los hospitales, el gobierno, los seguros y todo el personal médico?

Los gobiernos están forzados por los mismos ciudadanos a otorgar cuidados médicos. Los partidos políticos saben que entre más promuevan este rubro, más votos tendrán.

Por otra parta, está arraigada en la conciencia de la gente la idea de que "NECESITAN IMPERATIVAMENTE ESTAR MEDICADOS". Los gobiernos lo saben y lo suplen, no sin cerciorarse que los seguros sólo acepten

"La cuarta parte de las medicinas prescritas a la tercera edad, tienen un riesgo potencial de muerte al ser prescritas erróneamente"

pagar los medicamentos de menor calidad.

Como puede ver, este es un sistema de intereses creados. El gobierno intentará suplir "nuestro temor a la muerte" al menor precio posible y se asegurará que la gente pague los medicamentos caros.

De esta manera el gobierno obtiene una mayor cantidad de impuestos y con sus migajas mantiene a los fármaco-dependientes y a los atrapados al Medicare (Servicio de Cuidados Médicos) o al seguro social (Sistemas que operan en Estados Unidos).

No piense por un segundo que su aseguradora aceptará la prescripción del medicamento más caro del mercado o el último descubrimiento en Alemanía o Suiza.

Quienes más dependen del gobierno son las personas de la tercera edad, el Dr. Bremner[1] escribe acerca de ellos:

12 millones mueren anualmente en el mundo debido a efectos secundarios de medicinas

"La cuarta parte de las medicinas prescritas a la gente de la tercera edad tienen un riesgo potencial de muerte al ser prescritas erróneamente.

La mayoría de los ancianos están recibiendo drogas que no necesitan o están siendo medicados por problemas que pueden ser tratados en forma apropiada sin necesidad de medicinas".

Componentes como el acetaminofeno contenido en

los analgésicos más populares como Tylenol, Anacin, Advil, Excedrin y otros es una de las medicinas que más gente lleva a los hospitales por causa de sus efectos destructores al hígado. La FDA ha publicado serias advertencias en contra del uso de estos medicamentos.

Billones de dólares y Euros forman parte de un sistema en el que no le conviene a ninguno de estos protagonistas que estemos sanos. Todo lo contrario, es una estructura médica que promueve la enfermedad. Y la gente lo mira como "la gran respuesta de Dios", o "los benefactores de la humanidad".

Según las estadísticas 700.000 personas mueren anualmente en los Estados Unidos debido a efectos secundarios de las medicinas y 12 millones a nivel mundial. El 30% de los pacientes que ingresan a los hospitales es producto a las reacciones y problemas ocasionados por medicamentos.[2] La muerte por medicamentos es diez veces mayor que la de ocasionada por drogas ilegales.

En 1994, un estimado de 2.216.000 pacientes fueron hospitalizados en Estados Unidos por sufrir severo ADR (Adverse Drug Reaction, reacción adversa al medicamento) 106.000 murieron, haciendo de los medicamentos la cuarta causa de muerte en este país. La Doctora Ghislaine Lanctot, escribió un libro llamado "La Mafia Médica"[3] calificado por la periodista Laura Jimeno Muñoz de Discovery Salud, como la denuncia publicada más completa, integral, explícita y clara del papel que juega a nivel mundial el complejo formado por el Sistema Sanitario y la industria farmacéutica.

Entre las declaraciones que ella hace en este libro extraje las siguientes: "Son las multinacionales, las compañías farmacéuticas las que deciden hasta qué se enseña a los futuros médicos en las facultades y qué se publica y expone en los congresos de medicina. El control es absoluto.

La Medicina está hoy controlada por los segurospúblicos o privados, da igual porque en cuanto alguien tiene un seguro pierde el control sobre el tipo de medicina al que accede. Ya no puede elegir. Es más, los seguros determinan incluso el precio de cada tratamiento y las terapias que se van a practicar. Y es que si miramos detrás de las compañías de seguros o de la seguridad social... encontramos lo mismo.

Es el dinero quien controla totalmente la medicina. Y lo único que de verdad interesa a quienes manejan este negocio es ganar dinero. ¿Y cómo ganar más? Pues haciendo que la gente esté enferma.... porque las personas sanas no generan ingresos.

La estrategia consiste, en suma, en tener enfermos crónicos que tengan que consumir todo tipo de productos paliativos, es decir, para tratar sólo síntomas; medicamentos para aliviar el dolor, bajar la fiebre, disminuir la inflamación... pero nunca fármacos que puedan resolver una dolencia.

Eso no es rentable, no interesa. La medicina actual está concebida para que la gente permanezca enferma el mayor tiempo posible y compre fármacos; si es posible, toda la vida".

La muerte por medicamentos es 10 veces mayor a la ocasionada por drogas ilegales

I. Un Sistema de Enfermedad

El llamado sistema sanitario es en realidad un sistema de enfermedad. Se practica una medicina de la enfermedad y no de la salud. Una medicina que sólo reconoce la existencia del cuerpo físico y no tiene en cuenta ni el espíritu, ni la mente, ni las emociones. Y que además trata sólo el síntoma y no la causa del problema. Se trata de un sistema que mantiene al paciente en la ignorancia y la dependencia, y al que se estimula para que consuma fármacos de todo tipo.

De manera oficial -puramente ilusoria- el sistema está al servicio del paciente pero, oficiosamente, en la realidad, el sistema está a las órdenes de la industria que es la que mueve los hilos y mantiene el sistema de enfermedad en su propio beneficio. Se trata, en suma, de una auténtica mafia médica, de un sistema que crea enfermedades y mata por dinero y por poder.

El médico es -muchas veces de forma inconsciente, es verdad- la correa de transmisión de la gran industria. Durante los 5 a 10 años que pasa en la Facultad de Medicina el sistema se encarga de inculcarle unos determinados conocimientos y de cerrarle los ojos a otras posibilidades. Además se les enseña que el médico no debe implicarse emocionalmente y que es un 'dios' de la salud."

La Doctora Lanctot denuncia

> La medicina actual está concebida para que la gente permanezca enferma y compre fármacos de por vida

una verdadera mafia en la que están involucrados todos los sistemas de salud.

Ella escribe: "La mafia médica"[4], a diferentes escalas y con distintas implicaciones, la constituyen por supuesto, la industria farmacéutica, las autoridades políticas, los grandes laboratorios, los hospitales, las compañías aseguradoras, las Agencias del Medicamento, los colegios de médicos, los propios médicos, la Organización Mundial de la Salud (OMS) -el Ministerio de Sanidad de la ONU- y, por supuesto, el gobierno mundial en la sombra del dinero.

Es una mafia que ha eliminado toda competencia. Hoy día a los investigadores se les 'orienta'. Los disidentes son encarcelados, maniatados y reducidos al silencio. A los médicos 'alternativos' se les tilda de locos, se les retira la licencia o se les encarcela también.

Los productos alternativos rentables han caído igualmente en manos de las multinacionales gracias a las normativas de la OMS y a las patentes de la Organización Mundial del Comercio. Las autoridades y sus medios de comunicación social se ocupan de alimentar entre la población el miedo a la enfermedad, a la vejez y a la muerte.

De hecho, la obsesión por vivir más o, simplemente, por sobrevivir ha hecho prosperar incluso el tráfico internacional de órganos, sangre y embriones humanos. Y en muchas clínicas de fertilización en realidad se 'fabrican' multitud de embriones que luego se almacenan para ser utilizados en cosmética, en tratamientos rejuvenecedores, etc. Eso sin contar con que se irradian los alimentos, se modifican los genes, el agua está contaminada, el aire envenenado... Es más, los niños reciben absurdamente hasta 35 vacunas antes de ir a la escuela".

Cuando la Dra. Lanctot fue entrevistada por Discovery dijo al respecto del cáncer:

"El llamado cáncer, es decir, la masiva proliferación anómala de células, es algo tan habitual que todos lo padecemos varias veces a lo largo de nuestra vida. Sólo que cuando eso sucede el sistema inmunitario actúa y destruye las células cancerígenas.

El problema surge cuando nuestro sistema inmunitario está débil y no puede eliminarlas. Entonces el conjunto de células cancerosas acaba creciendo y formando un tumor. Cuando se descubre un tumor se le ofrece de inmediato al paciente, con el pretexto de ayudarle, que elija entre estas tres posibilidades o 'formas de tortura': amputarle (cirugía), quemarle (radioterapia) o envenenarle (quimioterapia).

Ocultándosele que hay remedios alternativos eficaces, inocuos y baratos... Y después de cuatro décadas de 'lucha intensiva' contra el cáncer, ¿cuál es la situación en los propios países industrializados? Que la tasa de mortalidad por cáncer ha aumentado. Ese simple hecho pone en evidencia el fracaso de su prevención y de su tratamiento. Se han despilfarrado miles de millones de euros, y tanto el número de enfermos como de muertos sigue creciendo. Hoy sabemos a quién beneficia esta situación como sabemos quién la ha creado y quién la sostiene. En el caso de la guerra todos sabemos que ésta beneficia sobre todo a los fabricantes y traficantes de armas. Bueno, pues en medicina quienes se benefician son los fabricantes y traficantes del 'armamento contra el cáncer'; es decir, quienes están detrás de la quimioterapia, la radioterapia, la cirugía y toda la industria hospitalaria".

Otra cosa que me llamó mucho la atención es una experiencia que me sucedió cuando orábamos en una estrategia de intercesión sobre el río Rin en Alemania. Al borde de este río se encuentran varias de las compañías farmacéuticas más importantes del mundo.

Estaba haciendo declaraciones proféticas liberando a millones de personas cautivas por "Pharmakeia", cuando el Espíritu Santo me llenó poderosamente y usando mi boca declaró: "Tomo autoridad y deshago todas las sustancias que están siendo puestas en los medicamentos para afectar los genes humanos y convertir a la gente en homosexuales".

Todos nos quedamos atónitos ante esta declaración que jamás nos había pasado por la mente.

Más adelante en mis investigaciones descubro que en 1973 Berg y otros líderes de la bioquímica revelan los principios generales de una nueva ciencia "La ingeniería genética". Y en 1974 la transmisión de genes hereditarios resulta un éxito.[5] Resulta interesante reflexionar que es precisamente en los setentas que empieza la revolución sexual y de ahí la proliferación cada vez acelerada del homosexualismo.

Desde luego no estoy haciendo esta declaración como algo que es un hecho comprobado. Lo pongo en la mesa a su consideración. Usted discierna si lo que recibí del Espíritu pueda o no ser verdad (Pruébese toda profecía).

2. El mundo en contradicción por las vacunas

Una gran polémica se ha levantado en contra de las vacunas que considero digno de analizar y sopesar para que cada quien tome decisiones con conocimiento de causa y responsabilidad. La ignorancia es uno de nuestros más grandes enemigos y que nos puede costar muy cara.

En el libro "Némesis Médica- La expropiación de la salud"[6], de Ivan Illich describe las enfermedades producidas por el sistema médico. Éstas llevan el nombre de iatrógenicas.

El dice en este estudio:

"La medicina, no contenta con quitarles a los pacientes la conciencia y el verdadero significado de la enfermedad y el dolor, los enferma aún más. No dejo de pensar en las vacunas las cuales destruyen el sistema de defensas de los niños. Muchas veces se les llegan a poner cerca de 20 antes de empezar la edad escolar; y luego nos preguntamos porque sufren repetidamente enfermedades de los oídos las que tratan con antibióticos.

Más adelante estos mismos niños desarrollarán debido a las vacunas, alergias, cánceres, esclerosis múltiple, sida, etc. La lista de enfermedades es gigantesca en una población cuyo sistema inmunológico de defensa ha sido dañado.

Es interesante notar que todas las vacunas han aparecido por primera vez después de que las mayores epidemias ya habían desaparecido en forma natural.

Los peligros de las vacunas raramente son notificados a menos que causen una fuerte reacción después de ser administradas".

La Dra., Lanctot[7] escribe acerca de los horrores provenientes de las vacunas:

"Las vacunas diezmas la población en una forma drástica en los países del tercer mundo y crónicamente en los industrializados. A este respecto el Ex-Presidente del Banco Mundial, el antiguo Secretario de Estado de los

Estados Unidos quien ordenara el bombardeo masivo de Vietnam y miembro del Programa de Inmunización expansivo, Rober McMara, hizo unas declaraciones interesantes.

Estas fueron denunciadas en una publicación Francesa llamada "J'ai tout compris" y decían:

Debemos tomar medidas Draconianas en cuanto a la reducción de la población en contra de la voluntad

"Las vacunas diezman la población drásticamente en los países del tercer y primer mundo"

de los pueblos. Reducir la tasa de natalidad ha sido comprobado que no ha funcionado o es insuficiente. Por lo tanto debemos incrementar la tasa de mortandad. ¿Cómo? Por medio de cusas naturales "el hambre y la enfermedad".

Con el temor que ha surgido con la "Influenza Porcina" "Swine Flu", me encuentro con una cantidad de estudios y publicaciones que denuncian la gravedad del suministro de vacunas.

Estas investigaciones han traído a la luz "la Influenza Española". Esta es digna de analizar ya que es sin duda una de las epidemias que más muertos ha ocasionado en la historia. Apareció en 1918 y llegó a prácticamente todo el mundo.

Se calcula que la tercera parte de población mundial, es decir, 500 millones fueron infectados, de entre los cuales murieron entre 50 y 100 millones. La mayoría de las víctimas tenían entre 20 y 40 años. Una de las sobrevivientes de esta epidemia la Dra. Eleanora McBean, asegura que ésta no provino de un "virusasesino" terriblemente contagioso, sino del programa de vacunación mundial efectuado durante la Primera Guerra mundial. Ella hizo una investigación en la que demuestra que sólo aquellos que fueron vacunados, murieron por la influenza.

Ella escribió:

"Mi familia rehusó ponerse vacuna alguna y disfrutábamos de Buena salud. Uno no puede contaminar su cuerpo con todo tipo de venenos sin que estos conduzcan a enfermedades".

"Cuando la influenza estaba en su cúspide todo estaba cerrado, escuelas, negocios y aún los hospitales ya que también los médicos y enfermeras que se habían vacunado padecían la enfermedad. Nadie caminaba por las calles, todo parecía un pueblo fantasma".

"Parecía que la única familia que no estaba infectada era la nuestra, así que mis padres hicieron lo que pudieron por ayudar a la gente ya que no había médicos disponibles. Mis padres pasaban horas al día cuidando a los enfermos. De haber habido una posibilidad de contagio mis padres la habrían adquirido. Cualquier bacteria, germen o virus tuvo grandes oportunidades de atacarlos. Tampoco trajeron la enfermedad a la casa para que nos afectara a nosotros, los niños y estábamos en pleno invierno con nieve por todos lados". "Aquellos que rehusaron la vacuna, escaparon de la influenza y había siete veces más enfermos entre los soldados vacunados que entre los civiles que no se la pusieron".

Anne Riley Hale, quien vivió esa epidemia también escribió:

"Com o todos sabemos el mundo jamás fue testigo de una semejante orgía de vacunación e inoculación como la que se llevó a cabo con los soldados en los campamentos del ejército".

El ejército de los Estados Unidos, perdió más soldados por la influenza que por la misma Guerra mundial. Numerosas Fuentes reportan que a cada soldado se le aplicaban de 14 a 25 vacunas diferentes, lo que conllevó a la epidemia.

Los reportes de la Armada Americana revelan que después que la vacunación se hizo compulsiva en el país en 1911, subió rápidamente el índice de Tifoidea así como el de otras enfermedades inherentes a las diferentes vacunas. Después de que Estados Unidos entrara a la Guerra en 1917 el índice de muerte por causa de la vacuna contra la Tifoidea tuvo su pico más alto en la historia del ejército.

Patric J Caroll escribió al respecto: "Las muertes ocurrían después de haber sido vacunados los soldados en hospitales Americanos y en campamentos en Francia muy bien supervisados y de alta higiene". Un reporte del Secretario de Guerra Estadounidense Henry L. Stimson declaraba por ese entonces que murieron 63 personas y se detectaron 28.585 casos de Hepatitis después de haber vacunado a los soldados contra la fiebre amarilla.

La Dra. Mc Bean decía que era común durante la Guerra oír la expresión: "Más soldados mueren por las vacunas que por los disparos del enemigo".

Ella también escribió: "La situación se hizo más crítica cuando trataban de luchar contra los síntomas de las enfermedades aumentando las dosis de las vacunas. Esto produjo un peor virus de Tifoidea llamada Paratifoidea: para contra restarla crearon una vacuna aún más fuerte que dio lugar a la 'Influenza Española' ".

No sólo la vacuna contra la influenza española produjo enfermedades y muertes; este es el problema con que se están enfrentando miles de médicos e investigadores al analizar los efectos de todas las demás vacunas.

Jon Rapport[8] en una entrevista con un exinvestigador de los laboratorios farmacéuticos más importantes y del Instituto Nacional de la Salud en Estados Unidos dijo cuando terminó su investigación:(Extractos de la entrevista)

"Me di cuenta que estaba trabajando en un sector basado en una gran colección de mentiras…En cuanto a mí respecta, creo que todas las vacunas son peligrosas… comprometen el sistema de defensas del cuerpo quitándole su inmunidad… de hecho pueden hasta producir la enfermedad que tratan de prevenir además de otras. A través de estos casos, se enmascara el hecho y se le atribuye a otra causa".

"El público piensa que estos laboratorios son los lugares más esterilizados del mundo.

Esto no es verdad, hay contaminaciones todo el tiempo y residuos que se mezclan con las vacunas.

Por ejemplo el virus del mono SV40 se mezcla con la vacuna de Poliomielitis ya que está fabricada usando los riñones de monos. Pero a lo que quiero llegar es a loserrores y faltas de simple descuido que se cometen en los laboratorios. Este virus SV40 lo llegamos a encontrar en tumores cancerígenos y esto era parte del proceso aceptado de fabricación. El usar riñones de mono abre la puerta a una serie de gérmenes a los que se ignora".

"Algunas vacunas son más peligrosas que otras, por ejemplo la de DPT y la MMR. Pero algunos lotes de vacunas son más peligrosos que otros lotes de la misma vacuna. Hasta donde yo sé, todas las vacunas son peligrosas.

Estas involucran el sistema inmunológico humano en un proceso que tiende a comprometer la inmunidad. También pueden realmente causar la enfermedad que se supone que previenen".

Le preguntaron en la entrevista:

P: ¿Por qué nosotros citamos estadísticas que parecen demostrar que las vacunas han tenido gran éxito en erradicar las enfermedades?

R: Para dar la ilusión que estas vacunas son útiles. Si una vacuna suprime síntomas visibles de una enfermedad como el sarampión, todos asumimos que la vacuna es un éxito. Pero, bajo la superficie, la vacuna puede dañar el propio sistema inmunológico. Y si causa otras enfermedades — digamos, meningitis—el hecho está enmascarado, porque nadie cree que la vacuna puede hacer eso. La conexión se pasa por alto.

P: Se dice que la vacuna de la viruela erradicó la viruela en Inglaterra.

R: Sí. Pero cuando usted estudia las estadísticas disponibles, usted consigue otro cuadro. Había ciudades en Inglaterra dónde las personas que no fueron vacunadas no contrajeron la viruela. Había lugares dónde las personas que fueron vacunadas experimentaron epidemias de viruela. Y la viruela ya estaba en declive antes de la introducción de la vacuna.

P: Así que usted está diciendo que a nosotros nos han dado una falsa historia.

R: Sí. Eso es exactamente lo que yo estoy diciendo. Ésta es una historia que se ha cocinado para convencer a las personas que las vacunas son invariablemente seguras y eficaces.

El público cree que estos laboratorios, estos medios industriales, son los lugares más limpios en el mundo. Eso no es verdad. La contaminación ocurre todo el tiempo. Se introduce toda clase de desperdicios en las vacunas. Yo le daré algunos con los que yo me encontré, y también le daré lo que otros colegas míos encontraron.

Aquí hay una lista parcial.

• En la vacuna Rimavex contra el sarampión, nosotros encontramos varios virus del pollo.

• En la vacuna de la polio, encontramos acantamoeba que es una amiba llamada "come-cerebro".

• En la vacuna de la polio encontramos el cytomegalo virus de los simios.

• Virus espumante de simio en la vacuna del rotavirus.

• Virus de cáncer de pájaro en la vacuna de MMR.

• Varios micro-organismos en la vacuna del ántrax.

• Yo he encontrado inhibidores de enzimas, potencialmente peligrosos, en varias vacunas: en la vacuna de la rubeola, virus de pato, perro y virus de conejo. El virus de leucosis aviaria en la vacuna de la gripe.

• Virus de la Peste en la vacuna de MMR.

"Si usted intenta calcular el daño que pueden causar estos contaminantes, nosotros realmente no sabemos porque no se ha hecho comprobación alguna, o muy poca. Es un juego de ruleta. Usted se arriesga. La mayoría de las personas tampoco saben que algunas vacunas de la polio, vacunas adenovirus, rubeola, hepatitis A y las vacunas del sarampión han sido hechas con tejido fetal humano abortado. Cuando usted busca los contaminantes en las vacunas, usted puede encontrar material que es confuso".

En materia de vacunación también nos da luz el Dr. Carlos Miranda[9] :

"En materia de vacunación México, es pionero en implementar campañas y programas universales de vacunación desde 1973, un año antes que la OMS lo hiciera.

El error humano es inevitable en un proceso tan complejo como la enfermedad. El personal médico trata con patologías de diversas índoles y la mayoría de las veces complicadas y con varios factores agregados, no necesariamente clínicos.

En México y en muchos otros países latinos, la ausencia de controles de calidad es evidente, además, lamentablemente la época de consumo y algunos otros factores, han permitido la comercialización de la medicina".

3. La Vacuna H1N1

Otra vacuna que ha aparecido después de una poderosa campaña de temor por parte de los gobiernos es la llamada "Gripe Porcina".

El experto en salud especialista en pulmones Wolfgang Wodarg de origen alemán, declaró que no se habían hecho en lo absoluto investigaciones sobre los efectos secundarios de la vacuna H1N1. Esta vacuna acarrea un alto riesgo de cáncer y tumores ya que está hecha con células cancerígenas de animales.

El Dr. Wodarg considera que la misma industria farmacéutica provocó el temor de una epidemia de influenza porcina. Su único propósito era vender más medicamentos y vacunas de alto precio.

La revista alemana "Stern" escribió: Glaxo-Smith-Kline (laboratorio farmacéutico) ha ganado varios billones de euros con la influenza porcina. No solo con la vacuna sino con medicamentos como Relenza.

Tienen órdenes de 100 millones de paquetes con un precio de producción de 18.24 Euros por paquete lo que pone en sus manos varios billones. Tan solo Estados Unidos ordenó 251 millones de vacunas y Alemania 68 millones.

En la Cuarta Conferencia Pública Internacional de Vacunación, varios doctores dieron su opinión sobre los peligros de la vacuna H1N1.

Bárbara Loe Fisher, Presidenta del Centro Nacional

> Durante la emergencia de la "Fiebre Porcina", Estados Unidos ordenó 251 millones de vacunas

de información sobre vacunación:

"Toda vacuna tiene el riesgo de causar daño".

Dr. Warren Levin, miembro del Comité de Médicos:

"Una de las razones por las que estoy aquí es para hablar del aspecto tóxico de las vacunas".

Dr. Stephen Marini, PHD, DC Inmunólogo y Microbiólogo.

"Las vacunas no es lo recomendado para sus hijos, hoy existen mejores métodos para tratar las enfermedades que éstas pretenden prevenir. Algunos efectos secundarios son el asma, alergias y autismo".

Dr. Lawrence Palevsky, Pediatra y miembro de la Academia Americana de Pediatras:

"Lo que aprendí en la facultad de medicina concerniente a las vacunas no es consistente ni eficaz. Al aumentarse el número de vacunas hemos también visto aumentarse las enfermedades crónicas en los niños". Otros hablaron del peligro de contaminar la sangre del paciente con las vacunas. Del contenido de metales pesados en éstas, de los peligros de meningitis, y parálisis que pueden ocasionar entre otras muchas complicaciones incluyendo la muerte.

La Dra. Lanctot autora del libro "La Mafia Médica" dijo en la entrevista efectuada por Discovery Salud:

"Las innumerables complicaciones que causan las vacunas -desde trastornos menores hasta la muerteestán suficientemente documentadas; por ejemplo, la muerte súbita del lactante. Por eso hay ya numerosas protestas de especialistas en la materia y son miles las demandas judiciales que se han interpuesto contra los fabricantes. Por otra parte, cuando se examinan las consecuencias de los programas de vacunaciones masivas se extraen conclusiones esclarecedoras".

"En primer lugar las vacunas son caras y le suponen a los estados un gasto de miles de millones de euros al año. Por tanto, el único beneficio evidente y seguro de las vacunas... es el que obtiene la industria.

Además, la vacunación estimula el sistema inmune pero, tras la repetida vacunación, el sistema se agota. Por tanto, la vacuna repetida puede, por ejemplo, hacer estallar el 'sida silencioso' y garantizar un 'mercado de la enfermedad' perpetuamente floreciente.

Más datos: la vacunación incita a la dependencia médica y refuerza la creencia de que nuestro sistema inmune es ineficaz.

Aunque lo más horrible es que la vacunación facilita los genocidios selectivos pues permite liquidar a personas de cierta raza, de cierto grupo, de cierta región... sirve como experimentación para probar nuevos productos sobre un amplio muestrario de la población y es un arma biológica potentísima al servicio de la guerra biológica porque permite intervenir en el patrimonio genético hereditario de quien se quiera".

"Investigaciones de eminentes médicos indican que el VIH fue creado mientras se hacían ensayos de vacunación contra la hepatitis B en grupos de homosexuales. Y todo indica que el continente africano fue contaminado del mismo modo durante campañas de vacunación contra la viruela.

La vacunación incita a la dependencia médica y refuerza la creencia de un sistema inmune ineficaz

Claro que otros investigadores van más lejos aún y afirman que el virus del sida fue cultivado como arma biológica y después deliberadamente propagado mediante la vacunación de grupos de población que se querían exterminar".

"En el Congreso sobre SIDA celebrado en Copenhague en mayo de 1992 los 'supervivientes del sida' afirmaron que la solución entonces propuesta por la medicina científica para combatir el VIH, el AZT, era absolutamente ineficaz.

Hoy eso está fuera de toda duda. Pues bien, yo afirmo que se puede sobrevivir al sida... pero no al AZT. Este medicamento es más mortal que el sida. El simple sentido común permite entender que no es con fármacos inmunodepresores como se refuerza el sistema inmunitario.

El sida se ha convertido en otro gran negocio. Por lo tanto, el combatirlo se promociona ampliamente porque ello da mucho dinero a la industria farmacéutica. Es así de simple".

Podría escribir cientos de páginas de los reportes, estudios y demandas hechas en contra de las compañías farmacéuticas, pero creo que con lo denunciado hasta aquí nos queda claro que ahí no está la solución.

¡Usted decida!

Bibliografía

1. Bremmer, J. Douglas: "Before you take that pill", Avery Trade, 2008.

2. Ghislaine, Lanctot: "La Mafia Médica" Vesica Piscis, 2002, pp. 258.

3. Ibíd.

4. Ibíd.

5. Ibíd. p. 148

6. Illich, Ivan: "Némesis Médica - La expropiación de la salud", 1ª Edición, 1978.

7. Traducción del francés: "The Medical Mafia", p.131

8. Rapport, Jon: Traducido por Adela Kaufmann. Versión original, octubre 2004 - enero 2006. Extraído de Revista Nexus.

Volumen 13, Número 2 (Febrero - Marzo 2006). Sitio web nexus Magazine.

9. Comentarios por el Dr. Carlos Miranda.

"La Medicina está enferma", Federico Ortíz Quesada, Limusa.

The World Health Organization, CDC (Departamento de Servicios Humanos y de Salud, Centro para la Prevención y Control de Enfermedades).

LA RESPUESTA
ESTA EN DIOS

La Cruz versus "Pharmakeia"

S alir del yugo de los medicamentos y entender cómo vivir en salud requiere comprender una serie de principios.

Lo primero que tenemos que crear, es reconocer las fortalezas internas que nos hacen depender de la medicina. Luego tenemos crear una conciencia nueva sobre la voluntad y el poder de Dios sobre nuestra salud.

Jesús no sólo es nuestro salvador en cuanto al pecado, el es EL SALVADOR DE NUESTRAS ENFERMEDADES. De la misma manera que creímos que Él nos puede salvar del infierno, tenemos que creer que Él nos puede salvar de cualquier mal o dolencia.

Isaías habla de los padecimientos de Cristo en la cruz y cada parte de Sus sufrimientos tuvo una razón clara y específica.

El amó no sólo nuestra alma, para redimirla, sino que se entregó al dolor más extenuante para que fuésemos sanados.

Ciertamente llevó él nuestras enfermedades, y sufrió nuestros dolores; y nosotros le tuvimos por azotado, por herido de Dios y abatido. Mas él herido fue por nuestras rebeliones, molido por nuestros pecados; el castigo de nuestra paz fue sobre él, y por su llaga fuimos nosotros curados.

Isaías 53:4 y 5

Tome un momento y medite profundamente en la siguiente escena:

Imagine por un momento al Padre celestial mirando a Su Hijo amado siendo escarnecido brutalmente en su cuerpo. El látigo de nueve colas, desgarrando a pedazos su espalda, los golpes en su rostro, sus caídas sobre las piedras al cargar la cruz; los clavos hincados en sus manos y en sus pies acalambrados de dolor, todo su ser, mientras la corona de espinas traspasaba su cabeza. La asfixia producida por estar colgado en el madero, la sed, la agonía interminable, y finalmente la lanza atravesando su corazón.

Sienta en su propio ser, lo que sintió el Padre cuando Él mismo estaba viviendo en Su corazón cómo deshacían a Su Hijo. Jesús dijo: "El Padre y yo uno somos".

Sienta consciente y profundamente el amor tan grande que sintieron el Padre y el Hijo por usted para tomar la decisión de llevar a cabo semejante sacrificio.

¿Puede ver cuánto Dios le ama y el precio que pagó para que usted tuviera acceso a una vida en salud? ¿Se da cuenta del poder tan impresionante que está contenido en esas llagas?

¿A qué dios debemos confiarle nuestra vida y salud a "Pharmakeia" o al Dios Padre?

El poder de la enfermedad y los espíritus que la sustentan estallaban a pedazos en cada herida que se hacía en el Cuerpo del Señor, mientras el infierno gritaba y gemía su implacable derrota.

Cuando Jesús hubo tomado el vinagre, dijo: Consumado es. Y habiendo inclinado la cabeza, entregó el espíritu.

Juan 19:30

¡HECHO ESTÁ!

Abra su espíritu y reciba estas palabras en su corazón.

Ahora quiero que imagine una escena absurda:

El Padre desde el cielo está mirando a uno de Sus hijos tendido en la cama y enfermo. Entonces le dice al Hijo: "no importa todo lo que padeciste en la cruz, ya la ciencia tiene medicamentos y médicos muy poderosos, así que ahora vamos a enviarle a este enfermito estos nuevos recursos para que alaben Mi nombre, porque finalmente no tienen mucha fe tu sacrificio".

¡Selah! (silencio para meditar)

Si pongo en un lado de la balanza la Sangre de Cristo y el poder de sus llagas y en el otro el poder de "Pharmakeia", ¿en su criterio cuál tiene más poder?

¿A qué dios debemos confiarle nuestra vida y salud a "Pharmakeia" o al Dios Padre?

Pero Ana, ¡yo quiero creer eso con todo mi ser, pero no tengo suficiente fe! ¡Lo intento pero no lo logro!

Empecemos por lo primordial. Si usted es cristiano, un día le entregó su corazón a Jesús y creyó en la salvación de su alma. Ahora hagamos algo más. Quiero que de la misma manera y con la misma convicción con que le entregó su corazón, le entregue su CUERPO.

Determínese a dejar de ser el señor y soberano de su cuerpo y quien toma todas las decisiones que lo afectan y haga a Jesucristo el Señor de todo su organismo.

Ore ahora y posea la Palabra de Dios como la única fuente de salvación en todo su ser.

> *Si hubiere hambre en la tierra, o si hubiere pestilencia, si hubiere tizoncillo o añublo, langosta o pulgón; o si los sitiaren sus enemigos en la tierra donde moren; cualquiera plaga o enfermedad que sea; toda oración y todo ruego que hiciere cualquier hombre, o todo tu pueblo Israel, cualquiera que conociere su llaga y su dolor en su corazón, si extendiere sus manos hacia esta casa, tú oirás desde los cielos, desde el lugar de tu morada, y perdonarás, y darás a cada uno conforme a sus caminos, habiendo conocido su corazón; porque solo tú conoces el corazón de los hijos de los hombres...*
>
> **2 Crónicas 6:28-30**

Jesús nos dejó en los elementos de la Santa Cena todo el poder curativo de Sus llagas y de Su sangre. Yo he descubierto que no hay medicina hecha por el hombre más eficaz que ésta. Cuando mi cuerpo está desajustado por un cambio de clima o debido a los alimentos o el agua de alguna nación a la que viajo, simplemente tomo la Santa Cena y reclamo su poder sobre mi cuerpo.

"Yo tomo la Santa Cena y reclamo Su poder sobre mi cuerpo"

En el año 2005 apareció en mi cuerpo un tumor en mi matriz. Lo podía sentir, palpar con las manos y me dolía. Lo primero que hice fue decretar que era mentiroso, que su origen provenía del padre de mentira, el diablo, y que por lo tanto era ilegal en el santuario de mi cuerpo. Yo vivo en santidad y me extiendo día a día a una santificación plena.

Sé que vivo por la gracia de Jesucristo que me es otorgada por medio de la fe y que por lo tanto he sido justificada ante Dios el Padre.

Esto me da la autoridad extendida por Dios para deshacer las obras del diablo. Puedo entonces ordenar que las mentiras de la oscuridad sean invadidas por la luz de la verdad que es Cristo en mí, y de esta manera deshacerlas.

Sé que Jesucristo es "Un Espíritu" conmigo ya que la Palabra de Dios establece que el que se ha unido a Jesús un Espíritu es con Él. Este conocimiento hace que mi fe crezca y me da fuerza para combatir las obras de mi enemigo.

Termino tomando la Santa Cena y pongo toda mi fe en que las llagas de Jesucristo contenidas en Su cuerpo absorban toda enfermedad o tumor.

Aunque mi boca está comiendo pan y jugo de uva, mi espíritu está absorbiendo el poder de las llagas y de la sangre de nuestro Señor. Luego mi espíritu invade con este poder cada célula de mi cuerpo, deshaciendo toda enfermedad y dolencia. En el caso de mi tumor, después de dos días de tomar la Santa Cena, éste había desaparecido.

Dios me permitió escribir un libro profundo y revelador sobre este tema llamado "Comed de mi Carne, Bebed de mi Sangre". Recomiendo su lectura para que pueda crecer en este maravilloso conocimiento que es nuestra herencia en Dios.

EL CASTILLO FORTIFICADO DE DIOS

Hemos ya visto cómo la sociedad, la familia y aún la Iglesia han creado estructuras de pensamiento y de comportamiento que nos hacen poner nuestra confianza en el sistema médico-científico.

Una de estas fortalezas es que creemos que ahí está nuestra seguridad. Nos han metido tanto temor, que vivimos pendiendo de un hilo, pensando que en cualquier momento necesitaremos a un médico. Las compañías de seguros se dan la tarea de promover una red de mentiras y de miedos por las que se conduce una gran parte de la población mundial.

Hemos hecho del sistema médico farmacéutico un fuerte donde nos protegemos y nos refugiamos ante el menor malestar o enfermedad.

¡Ay de los hijos que se apartan, dice Jehová, para tomar consejo, y no de mí; para cobijarse con cubierta, y no de mi espíritu, añadiendo pecado a pecado! Que se

apartan para descender a Egipto, y no han preguntado de mi boca; para fortalecerse con la fuerza de Faraón, y poner su esperanza en la sombra de Egipto.

Ciertamente Egipto en vano e inútilmente dará ayuda; por tanto yo le di voces, que su fortaleza sería estarse quietos.

Porque así dijo Jehová el Señor, el Santo de Israel: En descanso y en reposo seréis salvos; en quietud y en confianza será vuestra fortaleza. Y no quisisteis, sino que dijisteis: No, antes huiremos en caballos; por tanto, vosotros huiréis. Sobre corceles veloces cabalgaremos; por tanto, serán veloces vuestros perseguidores.

Isaías 30:1 y 2, 30:7,15-16

Egipto y sus caballos son símbolos de la fuerza del hombre y de su sabiduría mágica o "Pharmakeia".

La cubierta de los seguros médicos, de la sabiduría del hombre y de los fármacos es una protección falsa que acaba destruyendo. Es un sistema de enfermedad y no de salud.

La verdadera cubierta proviene de Dios, pero tenemos que salir de la una para entrar en la otra. No podemos decirle a Dios: confío en ti, pero en cuanto a mi salud confío en lo que pueda hacer la ciencia por mí; eso ¡no funciona!

Pero sin fe es imposible agradar a Dios; porque es necesario que el que se acerca a Dios crea que le hay, y que es galardonador de los que le buscan.

Hebreos 11:6

El nos está llamando a poner nuestros ojos en Su casa. En el Templo espiritual que Él quiere edificar o que ya ha construido en nosotros. Morar en Dios no es simplemente ser cristiano e ir a la Iglesia el domingo. La morada es el lugar de nuestra seguridad, donde nos sentimos a salvo del mundo exterior.

Es nuestro hogar en Dios, el lugar donde encontramos refugio y paz, es el lugar donde anhelamos estar para convivir y disfrutar a nuestro amado. Es el lugar donde encontramos el verdadero gozo, donde la mesa está siempre aderezada con la abundancia de Sus manjares.

> No podemos decirle a Dios: confio en ti, pero en cuanto a mi salud confío en la ciencia, ¡eso no funciona asi!

Es el lugar de nuestra intimidad con Él. Es una casa construida de material divino y ese material es Cristo mismo. Es una casa de cimientos estables fundada en la Roca y no arena que se derrumba.

Habitar en Su Casa implica continua comunión. Es beber de Sus aguas y vivir por ellas. Quiero que lea el famoso Salmo 91 en el contexto del pacto de salud y de amor que Dios ha hecho con usted.

El que habita al abrigo (lugar secreto) del Altísimo morará bajo la sombra del Omnipotente. Diré yo a Jehová: Esperanza mía, y castillo mío; mi Dios, en quien confiaré. Él te librará del lazo del cazador, de la peste destructora. Con sus plumas te cubrirá, y debajo de sus alas estarás seguro; escudo y adarga es su verdad. No temerás el terror nocturno, ni saeta que vuele de día, ni pestilencia que ande en oscuridad, ni mortandad que en medio del día destruya. Caerán a tu lado mil, y diez mil a tu diestra; mas a ti no llegará.

Ciertamente con tus ojos mirarás y verás la recompensa de los impíos. Porque has puesto a Jehová, que es mi esperanza, al Altísimo por tu habitación, no te sobrevendrá mal, ni plaga tocará tu morada. Pues a sus ángeles mandará acerca de ti, que te guarden en todos tus caminos. En las manos te llevarán, para que tu pie no tropiece en piedra. Sobre el león y el áspid pisarás; hollarás al cachorro del león y al dragón. Por cuanto en mí ha puesto su amor, yo también lo libraré; le pondré en alto, por cuanto ha conocido mi nombre. Me invocará, y yo le responderé; con él estaré yo en la angustia; lo libraré y le glorificaré. Lo saciaré de larga vida, y le mostraré mi salvación.

Salmo 91

La morada de Dios es un castillo inexpugnable, no puede ser asaltado. No hay virus, ni bacteria que lo penetre

Esta palabra es más poderosa que cualquier medicina preventiva o vacuna que nos quieran infringir. Esta palabra es verdadera y Dios mismo se pone por testigo y jura sobre ella certificando su eficacia y veracidad.

La morada de Dios es un Castillo inexpugnable, no puede ser asaltado. No hay ni virus, ni bacteria, ni enfermedad que la pueda penetrar. Todos estos agentes patógenos (enfermedades) son enviados por el príncipe de las tinieblas y no pueden por más que se esfuercen penetrar la fortaleza de Dios.

Mi esposo y yo ministramos en las selvas, en los lugares más insalubres que se pueda imaginar y jamás nos ponemos una vacuna. Ha habido veces en campos misioneros extremos donde he preferido no mirar lo que estoy comiendo. Lo santifico por fe, y SÉ QUE SÉ que ningún microbio puede penetrar la morada de Dios donde vivo.

Un día fuimos por curiosidad a analizar nuestra sangre en un laboratorio que tenía una computadora donde se veía en grande todo lo que sucedía dentro de la sangre. El programa hacía que se vieran los glóbulos rojos y los blancos, y el doctor que la analizaba estudiaba las anomalías en el plasma (líquido en que navegan los glóbulos). Cuando vio el nuestro observó que salía luz del plasma lo que hacía imposible diagnosticar nada.

El resultado de ser revestidos de esa morada celestial es que todo lo mortal es absorbido por la vida que es Jesús

¡Gloria a Dios!

Nos vamos convirtiendo en el reflejo de nuestra morada, nos vamos transformando en lo que creemos. El Apóstol Pablo entendía profundamente lo que significaba nuestra morada celestial.

Porque sabemos que si nuestra morada terrestre, este tabernáculo, se deshiciere, tenemos de

Dios un edificio, una casa no hecha de manos, eterna, en los cielos.

Y por esto también gemimos, deseando ser revestidos de aquella nuestra habitación celestial...

2 Corintios 5:1 y 2

Note que Pablo no está gimiendo por ser revestido de vestiduras blancas de salvación, sino de su morada espiritual.

Dice que clama con angustia, pero no es algo que venga automáticamente por gracia. Continúa diciendo:

...pues así seremos hallados vestidos, y no desnudos. Porque asimismo los que estamos en este tabernáculo gemimos con angustia; porque no quisiéramos ser desnudados, sino revestidos, para que lo mortal sea absorbido por la vida.

2 Corintios 5:3-4

El resultado de ser revestidos de esa morada celestial es que todo lo mortal es absorbido por la vida. Dios mismo envolviéndonos como un castillo inexpugnable, deshaciendo todo lo mortal en nosotros y en contra de nosotros.

Morar en Él y Él en nosotros es nuestra garantía de vida. Esto implica que podemos vivir en "Verdadera Paz" en su reposo, sabiendo que ningún mal nos sobrevendrá.

> Si vivimos en justicia y cubiertos por nuestro Dios, nuestro destino no será el mismo de quienes andan en sus propios caminos

No tenemos que vivir en el temor de todo lo que oímos en la televisión y en las publicidades hechas por los seguros.

Si bien hay accidentes, y gente enferma no tiene por qué ser el caso de los Hijos de Dios. El nos promete que el que hace de Él su Castillo fortificado, "No temerá el terror nocturno ni pestilencia que ande de noche, ni mortandad que de día destruya". Si vivimos en justicia y cubiertos por nuestro Dios, nuestro destino no será el mismo de quienes andan en sus propios caminos.

Respondió Jesús y le dijo: El que me ama, mi palabra guardará; y mi Padre le amará, y vendremos a él, y haremos morada con él.

El que no me ama, no guarda mis palabras; y la palabra que habéis oído no es mía, sino del Padre que me envió.
Juan 14:23 y 24

La morada no se establece por que decimos.

"Señor, Señor ven a vivir a mi corazón". Una cosa es el pacto de salvación y otra cuando la morada se va formando en nosotros. Hijitos míos, por quienes vuelvo a sufrir dolores de parto, hasta que Cristo sea formado en vosotros...
Gálatas 4:19

Empieza una cruzada poderosa en tu vida hasta que vivas intensamente la morada de Dios dentro de tu ser y verás que nunca más el mal te tocará.

Sabemos que todo aquel que ha nacido de Dios, no practica el pecado, pues Aquel que fue engendrado por Dios le guarda, y el maligno no le toca.
1 Juan 5:18

Podemos cruzar por circunstancias difíciles, atravesar por el valle de sombra y de muerte, con el propósito de crecer y madurar en Dios y en Su autoridad, pero jamás quedaremos postrados.

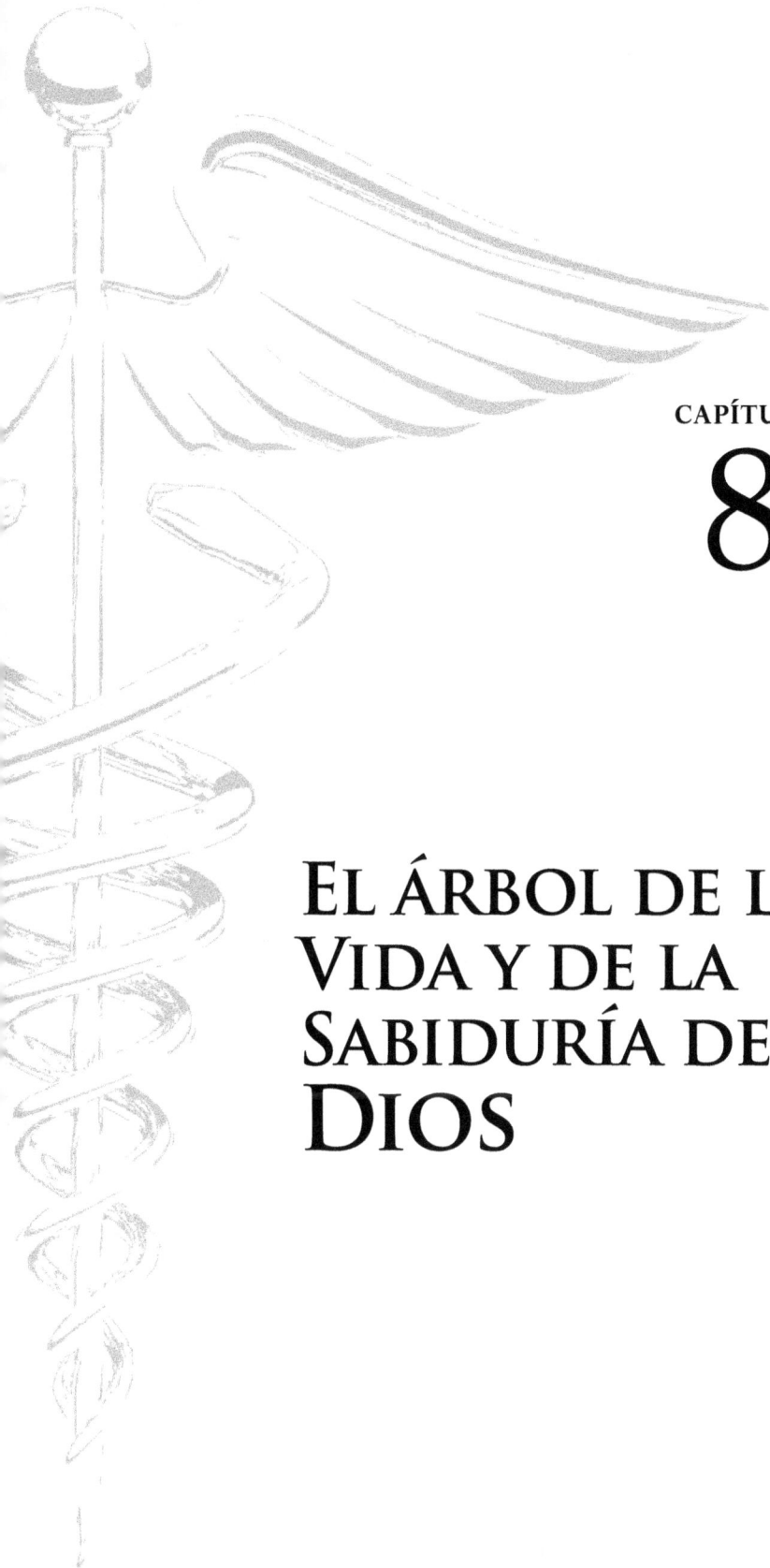

EL ÁRBOL DE LA VIDA Y DE LA SABIDURÍA DE DIOS

C omo hemos visto hasta ahora, la medicina científica no es la solución para vivir una vida saludable. Dios quiere que estemos sanos y Jesús dio su vida por ello, Él tiene una sabiduría y métodos que son más altos y eficaces que lo que el hombre pueda ofrecer.

He aquí que yo les traeré sanidad y medicina; y los curaré, y les revelaré abundancia de paz y de verdad.
Jeremías 33:6

Aquí vemos, cómo Dios mismo tiene medicinas y sabiduría para curar. En la revelación de la ciudad celestial que Jesucristo le da a Juan en el Apocalipsis, vemos que el árbol de la vida es para sanidad de las naciones.

Después me mostró un río limpio de agua de vida, resplandeciente como cristal, que salía del trono de Dios y del Cordero.

En medio de la calle de la ciudad, y a uno y otro lado del río, estaba el árbol de la vida, que produce doce frutos, dando cada mes su fruto; y las hojas del árbol eran para la sanidad de las naciones.

Apocalipsis 22:1 y 2

Jesucristo restauró en la cruz el camino hacia la vida eterna y el acceso al árbol de la vida en el reino de Dios. La Iglesia verdadera es la Ciudad Celestial. Ésta no está en el cielo esperando a que nos muramos, nosotros somos la Jerusalén del Espíritu.

Porque Agar es el monte Sinaí en Arabia, y corresponde a la Jerusalén actual, pues ésta, junto con sus hijos, está en esclavitud. Mas la Jerusalén de arriba, la cual es madre de todos nosotros, es libre.

Gálatas 4:25-26

He aquí que yo les traeré sanidad y medicina; y les curaré y les revelaré abundancia de paz y verdad Jeremías 33:5

sino que os habéis acercado al monte de Sion, a la ciudad del Dios vivo, Jerusalén la celestial, a la compañía de muchos millares de ángeles...

Hebreos 12:22

El árbol de la vida es Jesús -el Mesías- y sus hojas son símbolo de la cobertura y esplendor de Su sabiduría.

La sabiduría alta y perfecta que nos lleva de la mano hacia la perfección en espíritu, alma y cuerpo. El árbol está en el centro de la ciudad, simbolizando la posición que Cristo debe ocupar en nuestras vidas. El centro significa lugar de gobierno y autoridad. La ciudad es análoga al paraíso el cual es el lugar de nuestra perpetua provisión y donde somos bendecidos para tener dominio.

Está plantado a ambos lados del río de Dios, que es la fuente de la vida, la presencia del Altísimo.

El árbol hace fluir la sanidad a través de las aguas, como el corazón está conectado al sistema circulatorio distribuyendo la vida a todo el cuerpo. Así las aguas acarrean la provisión de salud partiendo del espíritu del hombre hacia todo el organismo.

El árbol de la vida está activo mientras prevalezcamos en nuestro Primer Amor. El amor es la salud que fluye del árbol.

Pero tengo contra ti, que has dejado tu primer amor...
Al que venciere, le daré a comer del árbol de la vida, el
cual está en medio del paraíso de Dios.
Apocalipsis 2:4 y 6 (b)

Las puertas que dan acceso a sus hojas y a su fruto son la obediencia a Dios, el honrarlo a Él como Dios, y vivir en santidad y acción de gracias.

La salud de nuestros cuerpos depende de cuál árbol escogemos comer, del árbol de la ciencia del bien y del mal, o del árbol de la vida. La serpiente de "Esculapio" está enroscada en el árbol de la ciencia, llamándote a ser soberano sobre tu cuerpo, para después destruirte.

El árbol de la vida es la sabiduría de Dios que está a tu disposición para vivir en salud y en provisión.

A través de la Biblia vemos a Dios trayendo palabras de sabiduría a Su pueblo y soluciones para su salud. El árbol de la vida es accesible cuando corremos a él.

Dios le mostró al pueblo de Israel lo que debían y no debían comer para conservar sus cuerpos sanos. Aunque Dios limpió todos los animales, no significa que sean buenos para la salud. Si los "tenemos" que comer en una circunstancia ajena a nuestra voluntad, no ofendemos a Dios por eso. No estamos bajo la ley sino bajo la gracia.

Pero si tenemos la posibilidad de escoger, elijamos lo que es bueno para nuestros cuerpos. De esto hablaré en el próximo capítulo.

Dios habló a sus profetas con instrucciones específicas de cómo curar ciertas enfermedades. Sus métodos no son los de la ciencia, son instrucciones divinas, que al obedecerlas desatan el poder de Dios sobre el enfermo. Algunas de ellas son extrañas, pero todas ellas efectivas.

Tal es el caso de la lepra de Namán. Dios le da la solución a Eliseo y al obedecerla el General Sirio es sanado.

Entonces Eliseo le envió un mensajero, diciendo: Ve y lávate siete veces en el Jordán, y tu carne se te restaurará, y serás limpio.

> *El entonces descendió, y se zambulló siete veces en el Jordán, conforme a la palabra del varón de Dios; y su carne se volvió como la carne de un niño, y quedó limpio.*
> **2 Reyes 5:10 y 14**

Otro caso es la enfermedad del Rey Ezequías, sanado por la instrucción que recibió de Dios el profeta Isaías.

Vuelve, y di a Ezequías, príncipe de mi pueblo: Así dice Jehová, el Dios de David tu padre: Yo he oído tu oración, y he visto tus lágrimas; he aquí que yo te sano; al tercer día subirás a la casa de Jehová.

Y dijo Isaías: Tomad masa de higos. Y tomándola, la pusieron sobre la llaga, y sanó.

2 Reyes 20:5 y 7

Lo mismo vemos cuando Timoteo se sentía mal del estómago.

Ya no bebas agua, sino usa de un poco de vino por causa de tu estómago y de tus frecuentes enfermedades.

1 Timoteo 5:23

Dios me ha enseñado a correr al árbol de la vida y buscar primero su sabiduría. Y esto me ha dado resultados extraordinarios.

Ante cualquier síntoma, primero necesitamos encontrar la paz y la voz de Dios, ahí en la intimidad se oyen claramente sus instrucciones. Los síntomas son tan sólo la voz del cuerpo anunciando un ataque.

El diablo usa entonces el temor y nuestras estructuras mentales para llevarnos a servidumbre y hacer que nos rindamos a la enfermedad.

Ese es el momento de escoger entre uno de los dos árboles. Lo común es correr al botiquín y tomarnos lo que pensamos que nos puede quitar esa molestia. Si persevera corremos al médico y nos rendimos a su diagnóstico.

¡ALTO! DICE EL SEÑOR:

"Detente, Yo tengo mejores soluciones".

I. La sabiduría en el árbol de la vida

a) Consejos en lo espiritual

• Revisa la condición de tu alma y pide perdón por tus pecados. Echa fuera de tí toda obra de la carne que esté operando en tu vida o que esté escondida por haber estado activa en el pasado. Las obras de la carne son:

Y manifiestas son las obras de la carne, que son: adulterio, fornicación, inmundicia, lascivia, idolatría, hechicerías, enemistades, pleitos, celos, iras, contiendas, disensiones, herejías, envidias, homicidios, borracheras, orgías, y cosas semejantes

> *a estas; acerca de las cuales os amonesto, como ya os lo he dicho antes, que los que practican tales cosas no heredarán el reino de Dios.*
>
> **Gálatas 5:19-21**

• Empieza a manifestar los frutos del Espíritu. Si no tienes al Espíritu Santo morando en tí, pídele al Padre que te lo dé.

> *Mas el fruto del Espíritu es amor, gozo, paz, paciencia, benignidad, bondad, fe, mansedumbre, templanza; contra tales cosas no hay ley. Pero los que son de Cristo han crucificado la carne con sus pasiones y deseos. Si vivimos por el Espíritu, andemos también por el Espíritu.*
>
> **Gálatas 5:22-25**

Una vez estando estas cosas en orden, levántate a pelear por tu salud con valor y toda confianza en Dios.

• Resiste todo síntoma,

Ordena en el Nombre de Jesús que todo espíritu mentiroso de enfermedad salga de tu cuerpo

porque es un dardo de las tinieblas.

Someteos, pues, a Dios; resistid al diablo, y huirá de vosotros.

Santiago 4:7

• Empieza por tomar autoridad, reconociendo el Poder de Jesucristo que mora en tí. Dile ¡NO! al diablo y al síntoma.

• Ordena en el nombre de Jesucristo que todo espíritu mentiroso de enfermedad, salga de tu cuerpo.

• No lo recibas, es un síntoma mentiroso, es ilegal en tu cuerpo. Tú eres el Templo de Dios.

"La gente se enferma por la misma razón que peca. Sucumbe, o bien se rinde, a las sugerencias del maligno hasta que éstas toman posesión del corazón. Por lo tanto, cuando la sugestión de la enfermedad se acerca en cualquier forma o manifestación, debes echarla fuera, como se echa fuera todo lo que tiene que ver con el diablo.

Por ejemplo, ¿cómo te sentirías, si cuando llegas a tu casa nueva, que te costo miles de dólares, te encontraras un terrible olor de animales muertos y putrefactos?

Esta es una analogía de nuestro cuerpo, cuando permitimos que los pensamientos inmundos o de muerte, (los que no provienen de la fe), no sólo vivan ahí, sino que permitimos que se conviertan en una llaga podrida dentro de nosotros.

El cáncer, los males del corazón, las enfermedades de la sangre, y la muerte, todos estos son resultado de nuestros pensamientos impuros, de muerte. Todo esto es resultado de nuestra condición mental y espiritual, que se ha formado por medio de temor, estructuras mentales, culpa, iniquidad, maldiciones, e incredulidad".[1]

> Intercambia todo tus órganos y los sistemas de tu cuerpo por los de Jesús

> • *Pida sabiduría y Dios le dará el remedio. Y si alguno de vosotros tiene falta de sabiduría, pídala a Dios, el cual da a todos abundantemente y sin reproche, y le será dada.*
>
> **Santiago 1:5**

A veces le dirá algo tan simple como: Toma agua. Es impresionante el poder vivificador y sanador del agua. No en vano el dicho popular es: El agua es Vida. Una gran cantidad de males se curan con agua… ¿simple no? O le dirá: te falta potasio, come jitomates. Otras te dirá, necesitas descanso o te dará una instrucción, o una efectiva receta de abuelita.

Espérala porque vendrá.

• Entra en oración y come del árbol de la vida. En ocasiones me pongo a orar y al estar en el espíritu me veo comiendo las hojas del árbol de la vida, y mi cuerpo siente sus efectos.

• Intercambia todos tus órganos y los sistemas de tu cuerpo por los de Jesús.

Ora a Dios algo como esto:

"Jesús, Tu diste tu vida por la mía y tu cuerpo por mi salud, yo ahora te doy mis pulmones y recibo a cambio los tuyos". Si tienes una enfermedad en tu sangre, intercámbiala por la de Él. Y así con cada parte de tu cuerpo".

• Si recibes un golpe, te caes, o te quemas con algo, sientes que una bronquitis está prosperando, o te da un extraño dolor en el pecho, antes de asumir lo peor, di con autoridad:

¡Diablo, no te doy mi mano, pierna, mis pulmones, mi corazón, etc… no lo puedes tocar, no te lo entrego, le pertenecen a Jesucristo!

• Cuando sientas un síntoma o te sientas mal, no repitas en tu mente lo que estás acostumbrado a pensar, ni te digas a tí mismo "si no me tomo un medicamento me voy a poner peor y a lo mejor me muero".

Di en lugar de esto: "lo único que me va a pasar es que me voy a componer y a partir de este momento me empiezo a sentir mejor".

• Tenemos que entender por qué nos encontramos en la condición en la que estamos, y tomar una acción determinante.

El que está en pecado, tiene que dejarlo. El que no se ha liberado de las iniquidades de su línea generacional, debe hacerlo. (Mi libro "La Iniquidad" le será de gran bendición para lograrlo).

• El que está creyendo las mentiras de la enfermedad, cambie la mentira por la verdad. El que está bajo la sentencia de un diagnóstico médico, cámbielo por el diagnóstico de Dios.

Tome la Santa Cena todos los días para que crezca en fortaleza espiritual y física

• Tome la Santa Cena todos los días para que crezca en fortaleza espiritual y física.

Amado, yo deseo que tú seas prosperado en todas las cosas, y que tengas salud, así como prospera tu alma.

3 Juan 1:2

• Cuando pases frente a un hospital o tengas que entrar en él a hacer una visita, dígale enfáticamente: ¡NUNCA ME TENDRÁS y no recibo ningún lazo de cazador con que me quieras atrapar!

Haz lo mismo cuando pases frente a una farmacia. Yo lo he hecho por años y sé que nunca me tendrán.

b) Consejos en lo Natural

Mi esposo Emerson ha sido un instrumento muy poderoso en mi vida para que yo viva en "Salud de Reino". Dios le ha dado el poder divino de ayunar más de 200 días al año y una impresionante sabiduría sobre cómo tratar y fortalecer el cuerpo.

Quiero en esta sección poner un extracto de su libro "La Mente de Cristo" donde habla de las cosas prácticas que Dios le ha enseñado para luchar contra la enfermedad.

b.1 Conceptos sobre la Salud que han funcionado en mi Vida (por Emerson Ferrell)

"Actualmente, casi todas las personas son adictas a una dieta que es responsable de la mayoría de los problemas de salud en todo el mundo. Sin importar el nivel socio-económico de cada uno, los hábitos relacionados con comer el tipo de comida equivocado, son resultado y consecuencia de estar viviendo en base a creencias erróneas. Mucha gente prefiere creer en los anuncios publicitarios con relación a la comida adecuada que necesitan ingerir, en lugar de escuchar al Espíritu Santo.

Cuando consumimos comidas procesadas y azúcares, eso contamina nuestro sentido del gusto, lo que comienza desde nuestra niñez.

> La gente prefiere creer en anuncios publicitarios con relación a la comida que necesitan, en lugar de escuchar al Espíritu Santo

Por lo tanto, todas esas comidas que tienen sabores muy poco atractivos para nuestro paladar, por lo general, son las que más requerimos para poder gozar de una buena salud.

Al Señor le preocupa nuestro cuerpo, porque es el hogar temporal, desde donde Él dirige todos Sus asuntos del Reino en medio nuestro.

Por lo tanto, Él sabe qué tipo de combustible necesita cada

uno para que podamos operar al nivel de nuestra capacidad máxima.

Una analogía que conviene como ejemplo es la de poner kerosene en el tanque de tu automóvil, en lugar de gasolina. Poner el combustible equivocado destruye el motor. Para poder permitir que el Espíritu Santo complete Su obra en nuestro cuerpo, he descubierto algunas cosas muy sencillas, que nos van a ayudar a reducir padecimientos y enfermedades, las cuales provienen de una falta de equilibrio en el organismo.

Por ejemplo, si tengo síntomas, tales como, dolor del cuerpo, fiebre, o exceso de mucosidad en la nariz, que muestran la existencia de una gripe, de inmediato consumo vitamina C. La cantidad que tomo va de 5 a 6 gramos de ácido ascórbico puro, y lo tomo cada 4 horas, hasta que los síntomas han desaparecido. Mucha vitamina C puede producir diarrea, en ese momento se baja o suspende la dosis.

Por medio del ayuno he descubierto muchos secretos para la sanidad, y para descubrir el sendero de la salud Divina. Por ejemplo, el Señor me dijo, "muchas enfermedades son resultado de deshidratación, falta de aire fresco y de luz solar. Por lo tanto, yo procuro consumir un galón o sea, cuatro litros de agua cada día, y acostumbro caminar a la intemperie, bajo los rayos del sol. La verdad es que, el cuerpo humano se va a sanar a sí mismo, por medio de una nutrición adecuada, y una cantidad moderada de ejercicio físico.

El ayuno es una gran herramienta para desintoxicar tu cuerpo, y para obtener una limpieza espiritual. Además de esto, el ayuno le permite al Espíritu Santo instruirnos en el mantenimiento que debemos darle a Su templo, que es nuestro cuerpo, una vez que hayamos terminado el ayuno.

Hemos aprendido a comer papaya, cuando sentimos dolor de estómago o cualquier síntoma como náuseas o vómitos, y es mejor el té verde, en lugar de tomar café.

Evitamos los alimentos que tienen gran cantidad de toxinas. Nuestros cuerpos

> El ayuno es una gran herramienta para desintoxicar tu cuerpo, y para obtener una limpieza espiritual

siendo organismos químicos fueron diseñados para comer los nutrientes que Dios diseñó para nuestra salud. El cuerpo no reconoce, ni sabe qué hacer con las toxinas por lo tanto las almacena en el sistema linfático.

Este es una delgada redecilla que se encuentra a nivel subcutáneo (debajo de la piel) y es por donde corre la energía del cuerpo y por ende el poder de la unción. Si esta red está obstruida por toxinas la energía no llegará a donde tiene que llegar, y el poder de Dios será obstruido no dejándolo salir por tus manos.

Los alimentos más tóxicos, además de las medicinas químicas son:

El azúcar refinada, los refrescos embotellados o enlatados como la bebida gaseosa Coca Cola o Sprite, etc., son venenos puros para el organismo. También lo son la carne de puerco, los mariscos y los pescados que no tienen escamas ni branquias o que se alimentan del fondo del mar como el lenguado.

Todos estos se alimentan de desperdicios y excrementos lo cual los hace muy tóxicos.

Los productos que contienen algún tipo de levaduras es preferible evitarlos. Mi esposa y yo tomamos suplementos alimenticios para equilibrar las deficiencias de nutrientes en los alimentos de hoy.

Estos pasos tan sencillos nos han ayudado a mantener nuestro cuerpo, mientras que el Espíritu Santo santifica nuestro ser por completo.

La cosa más importante que he aprendido del ayuno, es que mientras yo consuma menos comida, en lo natural, más comida espiritual voy a recibir. El efecto de esto es como una cascada, que imparte salud divina en mi espíritu, alma y cuerpo. No dejes que el diablo te condene por usar un hospital, o a los doctores en una sala de emergencias.

Por ejemplo, si alguien tiene un accidente en su automóvil, debes confiar que el Señor va a proveer un doctor, para que se haga cargo de esas necesidades inmediatas. Yo no recomiendo operaciones, pero cada persona debe confiar en Jesús, en el nivel al que ha llegado en su fe.

Mi esposa y yo hicimos un pacto de salud con Dios y le dijimos que no nos doblaríamos ante "Pharmakeia" tomando las palabras de Sadrac, Mesac, y Abed-Nego en el libro de Daniel:

He aquí nuestro Dios a quien servimos puede librarnos del horno de fuego ardiendo; y de tu mano, oh rey, nos librará. Y si no, sepas, oh rey, que no serviremos a tus dioses, ni tampoco adoraremos la estatua que has levantado.

Daniel 3:17-18

Finalmente, debes confiar en el Espíritu Santo para todas tus necesidades, especialmente en lo que se refiere a tu salud, y de esta manera, vas a ser protegido para que no tengas ningún accidente. A Pablo lo golpearon, lo apedrearon, y tuvo un aguijón en la carne (2 Corintios 12:6, 12).

El Señor le dijo a Pablo que la gracia de Dios era suficiente para él. Para poder vencer, debemos conocer el significado que existe detrás de la definición de "Gracia no merecida". La gracia es el poder sobrenatural de Dios, impartido a través de la resurrección de Cristo Jesús, para que podamos conocer la verdad.

Porque la ley fue dada por medio de Moisés; la gracia y la verdad fueron hechas realidad por medio de Jesucristo.

Juan 1:17

La verdad es una persona. Es Cristo Jesús. La verdad se encarna cuando venimos a vivir dentro de Jesús. Esto es posible, debido a la gracia que El proveyó para nosotros. Jesucristo nunca vivió teniendo temor de los accidentes, ni de las enfermedades, padecimientos, y ni de la misma muerte. Jesús está esperando abrir la puerta de lo sobrenatural para ti. Si tú lo crees, lo podrás vivir".

Extracto del libro "La Mente de Cristo"
Por Emerson Ferrell

2. Otros consejos que le serán de utilidad

Lo primero que tenemos que hacer para empezar nuestro caminar hacia la libertad farmacéutica, es fortalecer el sistema de defensas del organismo. La forma más sencilla es tomando vitamina C por lo menos dos gramos al día. Algunas personas toleran más, entonces que consuman un poco más. El mercado de hoy ofrece una buena cantidad de productos basados en aminoácidos naturales que levantan nuestras defensas.

El cambio de alimentación es radical para tener una buena salud

El cambio de alimentación es radical para tener una buena salud. Bajo ninguna circunstancia consuma "comida rápida" como "hot dogs", y hamburguesas tipo McDonald´s y Burger King, estos los hacen con productos animales provenientes de gusanos, ratas, perros y viseras descompuestas. Ha habido grandes demandas sobre estos establecimientos por el nivel de insalubridad de sus productos.

Natural News[2] publicó:

Si usted está en el negocio de la carne de vacuno o porcina, ¿qué hace con las partes extras de estos animales y con los cortes que normalmente se han usado para fabricar comida de perro? Las muele y las hace una masa rosada, la inyecta con químicos para matar las amibas e –coli, y lo vende a las compañías de comida chatarra para que hagan hamburguesas.

De acuerdo a un artículo publicado por el New York Times,

esto es lo que ha estado sucediendo en todos los Estados Unidos con las carnes que se venden a McDonald's y Burger King, y a los restaurants que hacen almuerzos y otros de comida rápida. A la carne se le inyecta amoníaco, lo que se usa en los productos de limpia-vidrios.

Muchos rumores han corrido que lo que usan no es ni siquiera carne, sino unos gusanos reproducidos en laboratorios, obviamente esto está entre los Top-Secrets de la compañía. Los rumores pueden o no ser verdad, lo cierto es que son muchos los rumores.
Usted decide.

Evite aceites sobresaturados como el aceite de maíz o el de cártamo, y margarinas. Use en su lugar aceite de oliva o de canola. Comer fritangas o alimentos fritos es terrible para el colesterol y la salud de sus arterias. Las medicinas y la mala alimentación han desbalanceado su organismo, necesita tonificarlo y darle suplementos alimenticios si están al alcance de su bolsillo, sino, ingiera verduras y frutas lo más que pueda, junto con una alimentación balanceada y saludable.

Hoy existen libros escritos por expertos nutriólogos que le pueden ayudar a contrarrestar síntomas a través de tés o substancias naturales. Dios nos ha dado a través de la naturaleza muchas cosas que nos pueden ser de gran beneficio.

Las herbolarias en Latinoamérica como en algunos otros países están controladas por los brujos y curanderos. Esto no quiere decir que las hierbas que Dios creó sean malas, sino que están en las manos equivocadas. Sin embargo hay laboratorios de suplementos naturales que no están consagrados al diablo y usted los puede usar. Lo idóneo sería tener nuestros propios vivarios cristianos. Dios toque a quién tenga que tocar.

Para algunos males sencillos como dolor de garganta yo pongo unas 10 gotitas de yodo en un vaso de agua y me lo tomo una vez al día, más de eso el yodo puede ser peligroso. El yodo robustece el sistema inmunológico y limpia las glándulas. Es excelente para problemas de tiroides y de bocio. Lo mejor para el catarro o resfrío es vitamina C y solución salina de agua de mar en aerosol en las fosas nasales para despejar la congestión.

Una gran cantidad de gente sufre de insomnio debido al estrés de nuestra sociedad y como efecto secundario de algunos medicamentos. La valeriana, la melatonina, el té de manzanilla, de tila, de azar, o de menta le ayudarán a dormir.

Procure unas dos horas antes de dormir orar, leer, o hacer algo que lo relaje. Procure no pensar en todo lo que tiene que resolver al día siguiente porque eso le quitará el sueño.

echando toda vuestra ansiedad sobre él, porque él tiene cuidado de vosotros.
1 Pedro 5:7

Para el corazón, un par de cuadritos de chocolate oscuro son muy efectivos. Son muchas las soluciones naturales y para eso existen expertos nutriólogos y médicos de medicina alterna (No de la Nueva Era) de donde podrá obtener buenos consejos.

El Dr. Carlos Miranda escribió lo siguiente en cuanto a la nutrición en su comentario para este libro:

"Se ha demostrado la relación existente, entre el proceso salud-enfermedad y los niveles de nutrición de un país. En primer lugar, las tasas de mortalidad infantil y preescolar están estrechamente vinculadas con la nutrición y las deficiencias en este terreno elevan la vulnerabilidad de los padecimientos crónicos.

Diversas investigaciones han revelado que la mortalidad infantil es tres veces más alta entre las personas de escasos recursos que entre las de clases altas, hecho que está relacionado directamente con las condiciones nutricionales.

Este es un dato revelador al respecto, se estima que de 2 millones de niños que nacen anualmente en México, 100 mil mueren antes de los 5 años y alrededor de 1 millón sobrevive con defectos físicos y mentales debido a una insuficiencia alimentaria.

Según datos de la Organización Mundial de la Salud OMS, las enfermedades crónicodegenerativas como:

Las tasas de mortalidad infantil y preescolar están relacionadas con la nutrición

Enfermedades Cardíacas, Eventos Vasculares Cerebrales, Cáncer, Enfermedades Respiratorias Crónicas y la Diabetes, causan el doble de muertes de todas las enfermedades infecciosas. Treinta cinco millones de muertes al año actualmente (60%). 41 millones para 2015, un incremento de 17%. Las causas de las principales epidemias de enfermedades crónicas están bien establecidas y son bien cono-cidas:

1- Dieta no saludable. Alrededor de 17 millones o 30% de las muertes globales totales de las Enfermedades cardíacas / CVD e Infarto, son por causa de mala alimentación.

Para el Cáncer, los factores dietéticos representan la causa de 20% a 30% de todos los tipos de cáncer, actualmente lo sufren 20 millones de personas, se estima un incremento a 30 millones de personas en 20 años.

La Diabetes se considera como epidemia, causa 1 muerte cada 10 segundos, 171 millones de personas lo padecen actualmente, se estima un incremento a 350 millones para el 2030. Un organismo sano, apropiadamente alimentado es menos susceptible a las infecciones bacterianas, virales, parasitarias y fúngicas, por la adecuada respuesta del sistema inmunológico.

> ## Principales Causas de enfermedades:
>
> ## 1. Dieta no saludable
> ## 2. Inactividad física
> ## 3. Consumo de tabaco y alcohol

2-Inactividad física, el sedentarismo condiciona a sobrepeso y con esto el desarrollo de enfermedades cardiovasculares, y resistencia a la insulina.

3-Consumo de Tabaco y Alcohol, los cuales tienen efecto tóxico y destructor por la generación de radicales libres en contra de las células. Factores predisponentes para desarrollar cáncer.

A esto hay que añadir el impacto de la industrialización en el procesamiento de los alimentos, la contaminación ambiental a través de las fábricas, automotores, pesticidas, radiofrecuencias entre otros; existe un artículo que habla del impacto de los cuatro venenos blancos (La sal, el azúcar, las harinas refinadas y la leche)

Algunas de las instituciones a nivel mundial como: The World Health Organization, CDC, American Heart Association, National Cancer Institute U.S. National Institutes of Health, American Diabetes Association y National Diabetes Education program.

Nos dicen: Las principales medidas preventivas para evitar el desarrollo de las enfermedades crónicodegenerativas son:

El consumo de granos enteros, frutas, vegetales y pescado. Ejercicio físico rutinario para mantener peso saludable.

Bibliografía

1. Ferrell, Emerson: "La Mente de Cristo", Voice of The Light Ministries, 2007, pp. 156.

2. www.naturalnews.com

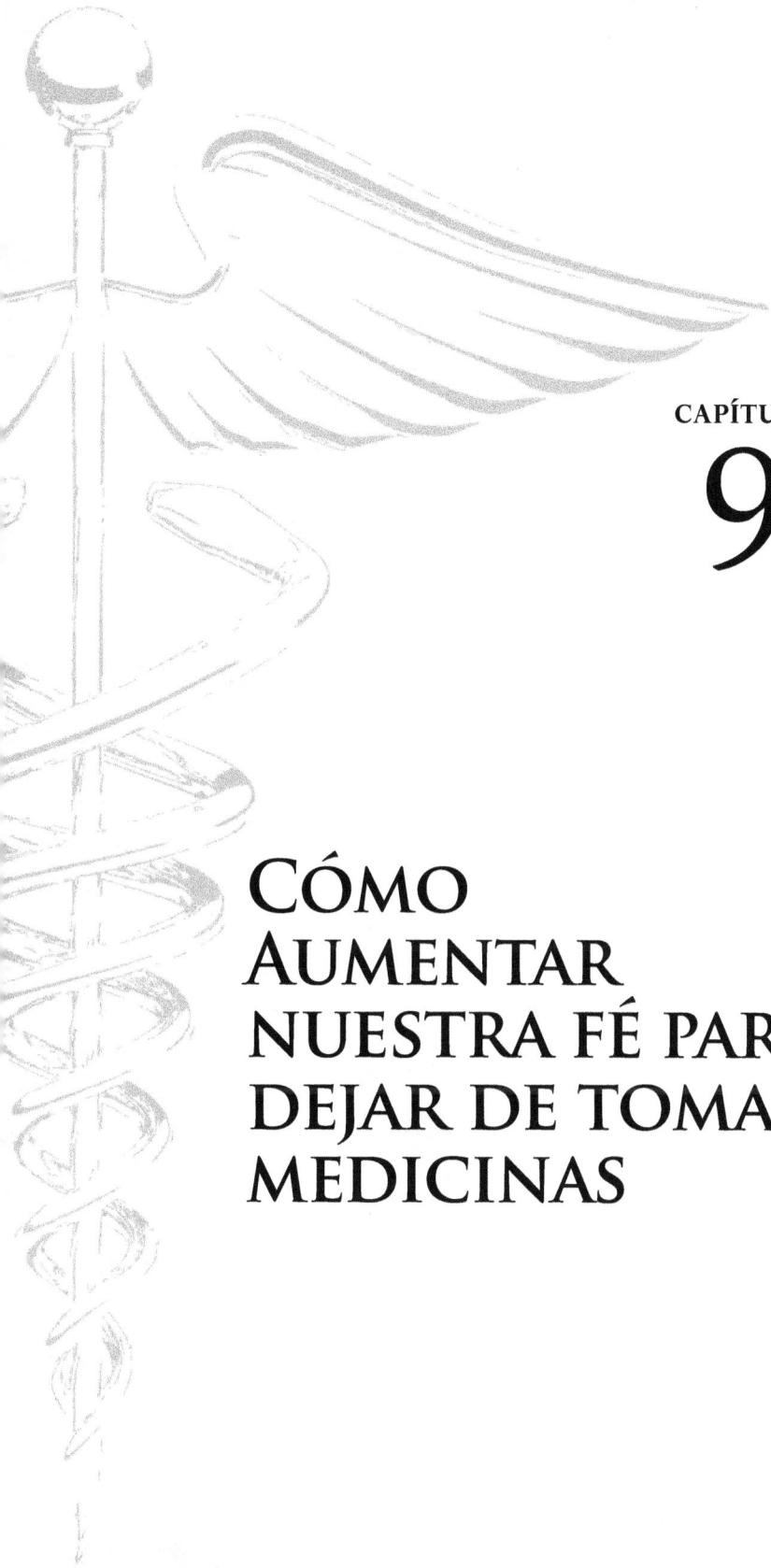

CÓMO AUMENTAR NUESTRA FÉ PARA DEJAR DE TOMAR MEDICINAS

TESTIMONIO
de Emerson Ferrell

Los Milagros y la Sanidad Divina

La sanidad divina consiste en remover las enfermedades del cuerpo, por medio del poder de Dios. Es la vida de Dios transmitida a nuestro ser, viniendo desde el cielo, o a través de otro hombre de fe. La salud divina consiste en vivir día tras día, y hora tras hora, en contacto con Dios, para que la vida de Dios fluya en nuestro cuerpo, de la misma manera como fluye en la mente o en el espíritu.

Un milagro es la acción creadora del Espíritu de Dios. La salvación de almas es un milagro de Dios.

"Nuestras acciones hacia Dios determinan nuestra sanidad"

Para poder impartir a estos seres de barro, sanidades y milagros en nuestros días, el Espíritu Santo sopla Su vida a estas áreas moribundas. Mientras más creamos en lo invisible, más grande va a ser el resultado que vamos a ver.

Nuestras acciones hacia Dios, determinan nuestra sanidad. Una vez que la salvación comienza en nuestro espíritu, nada, absolutamente nada, tiene el poder para detener Su virtud, excepto, que nos neguemos a creer.

No importa que tan lindas sean nuestras lámparas, si no producen nada de luz. Si los fusibles están fundidos, y no hay electricidad corriendo por los cables, el resultado es que no vamos a tener nada de luz. Nuestro espíritu trabaja igual que estos fusibles. El Espíritu Santo es el poder del cielo, que nos enviste de virtud y de fe. La incredulidad se manifiesta como fusibles fundidos.

Cuando el Espíritu Santo se conecta con nuestro espíritu, esto equivale a ir de una corriente de 110 voltios a una más poderosa de 220 voltios. El poder no solo se duplica, sino que aumenta increíblemente en velocidad, frecuencia y cantidad.

La fe que impregna todo tu ser, se siente como un relámpago dentro de tu cuerpo. Yo he podido experimentar esta sensación en varias ocasiones, y cada vez, mi fe no tiene límite alguno. Siento como si yo pudiera creer en cualquier cosa, y que eso se va a convertir en realidad.

Esta es la conexión del Espíritu Santo con todo nuestro ser. Jesús mantuvo este poder, debido a la unidad que tuvo con Su Padre y con el Espíritu Santo.

La verdadera sanidad tiene un desarrollo progresivo. Una vez que el espíritu del hombre se ha conectado con la virtud de Dios, nuestra responsabilidad consiste en tomarlo muy en serio.

En ese punto, nuestro espíritu no debe descansar hasta que el Espíritu Santo consuma en nosotros, cada pensamiento. En el momento en que comiences a poner tus prioridades en orden, y comas Su Palabra, tu espíritu va a comenzar a llenarse de poder.

Mi vida cambió dramáticamente cuando me di cuenta que mi alma y mi cuerpo se encontraban en un estado de anemia espiritual. Yo comencé a ayunar, primero, solo alimentos sólidos, y comencé a alimentarme de comida espiritual, todo el día.

Algunas veces, esto duraba hasta la madrugada del día siguiente. Lo primero que hice fue leer la Biblia, desde Génesis hasta Apocalipsis. Mis encuentros con el Espíritu Santo cambiaron de ser ocasionales, a ser constantes. Su voz se hizo más y más clara y fuerte, hasta que las voces de la duda y de la incredulidad quedaron prácticamente mudas.

> "Nuestras acciones hacia Dios determinan nuestra sanidad"

Mi espíritu estaba ganando autoridad sobre mi mente y

sobre mi cuerpo. Yo sustituí las imágenes de temor y escepticismo, que había tenido antes, con una clase de conocimiento que ni siquiera se puede describir con palabras. Lo invisible se hacía visible, a medida que yo hablaba. Por ejemplo, mi hijo estaba sufriendo de una infección en el oído, y tenía la temperatura muy alta. Me pude ver a mí mismo, ahí parado en su recamara, pero

> *"Conviértete en un testimonio vivo y tu fe crecerá"*

me veía mucho más alto de lo que es mi estatura real.

Cuando entré en su cuarto, ese espíritu que estaba sobre mi hijo comenzó a estremecerse de terror.

Yo le dije, "¡espíritu inmundo, deja el cuerpo de mi hijo en este mismo instante!" Antes de que yo terminara de decir esa frase, el espíritu se fue, y la temperatura de mi hijo volvió a la normalidad de inmediato.

Desde ese día y hasta hoy, he sido muy diligente en practicar varias cosas. Primero, cada día, yo paso tiempo en la Palabra de Dios. La comida espiritual es vital para poder tener fuerza y revelación. Esta última es la prueba más grande de que tú tienes contacto con el Espíritu Santo.

Es de suma importancia que hables con verdaderos creyentes, y que compartas las bendiciones que el Señor te da.

El Espíritu Santo necesita una voz humana, que le diga a

> "Nuestra sanidad es tan segura como nuestra salvación"

los demás, acerca de Su naturaleza y de Su carácter. Por lo tanto, si tú te conviertes en un testimonio vivo, que esté hablando de Sus maravillas, la fe va a crecer en tu vida, y va a inspirar a muchos otros.

El punto que estoy tratando de afirmar, es que nuestra sanidad es tan segura como nuestra salvación. Sin embargo, no vamos a recibir lo que Jesús compró para nosotros, si nuestro sistema de creencias se convierte en dudas y en incredulidad. Es como si alguien tiene millones de dólares en el banco, pero no puede sacar ni un centavo, debido a su incredulidad.

Si tu espíritu está en la posición donde no tiene apetito alguno por las cosas espirituales, vas a ser un blanco fácil para el diablo. No vas a tener la sanidad física que necesitas, sino hasta que recibas la sanidad espiritual. Si obtienes tu sanidad por el Espíritu, y mantienes tu conexión vibrante y fresca, por medio de los pasos que hemos explicado, vas a vivir en salud divina, y nunca en tu vida vas a necesitar la ayuda de los doctores.

Una vez que te has unido, y convertido en uno solo con Cristo Jesús, en espíritu, alma y cuerpo, la enfermedad se va a caer de tu cuerpo, de la misma forma como se cayeron las escamas de los ojos de Pablo. La mente de Cristo no va a permitir que nada impuro pueda prosperar en tu vida.

De hecho, nada de ese ámbito se va a poder acercar a ti, en kilómetros de distancia. Nada se te va aproximar, a menos que tu espíritu se debilite. Mantén tu espíritu fuerte, y tu alma y tu cuerpo, van a vivir en completa Salud Divina.

Conclusión

Dar el paso de dejar la medicina científica va a ser diferente en cada persona.

No todos tienen la fe para arrojar los medicamentos a la basura y nunca más depender de ellos. Para esto se necesita una fuerte convicción y guía del Espíritu Santo.

Para otros será un camino paulatino, según su estado de salud y su nivel de fe. Cuando usted aprendió a caminar se cayó unas cuantas veces y eso es lo normal. Algunos deciden dejar las medicinas y cuando viene una lucha muy fuerte recurren a la medicina o se encuentran con que tienen que ir al hospital. No se sienta condenado por eso. Cobre fuerzas y emprenda otra vez el camino hacia la Victoria. Convénzase a usted mismo que un día lo logrará. Muchos lo han hecho ya y usted no tiene porqué aceptar la derrota. Usted es más que un vencedor.

La clave está en entender que usted se sirve de la medicina y no al revés

Si tiene que tomar una medicina o consultar a un médico, que sea su última opción, no la primera.

Investigue antes de tomar un medicamento los peligros que le pueda ocasionar. El internet es un buen medio de investigar algunas cosas. Recuerde que hay medicamentos que han sido prohibidos y se siguen suministrando y vendiendo, como el Tylenol y el Advil.

Hay ocasiones en que será necesario para algunos ir a un hospital por causa de una emergencia o un accidente. Desde luego vaya y deje que los médicos salven su vida.

La clave está en que nosotros no estamos bajo el yugo de "Pharmakeia", pero la ciencia puede estar a nuestro servicio cuando la necesitemos. Usted se sirve de ella no al revés.

Hay ocasiones en que tendrá que taparse una muela picada y tendrá que ir al dentista, vaya con confianza. Cuando yo tengo que ir a hacerme una limpieza o a taparme una muela, lo hago, pero no tomo "medicina preventiva" ni anestesia.

Un día me iban a hacer un tratamiento muy doloroso en los dientes y el Espíritu Santo me dijo: "pídeme un ángel de anestesia". Me quedé sorprendida, pero lo hice. Durante todo el procedimiento un ángel estuvo al lado mío con su dedo de luz sobre mis dientes. No sentí ningún dolor y pude predicar de la sobrenaturalidad de Dios a todo el consultorio.

Dios le está dando luz en estas páginas, mostrándole la puerta de salida, cada quien saldrá a su paso y en su tiempo. Dios no condena a nadie por tomar un medicamento, pero quiere llevarlo a un camino más alto, y ofrecerle la salud que el pagó por precio de cruz para usted.

ORACIÓN FINAL

Padre celestial yo te pido por todos aquellos que hayan leído este libro y que anhelan ser libres del poder de "Pharmakeia".

Yo reprendo e inmovilizo al espíritu de hechicería en los fármacos. Ordeno que el poder de la alquimia y de los dioses "Esculapio", "Pharmakeia", "Hygeia", "Hermes", "Apolos" y todos los dioses griegos y egipcios sea quebrantado ahora mismo en la vida de mis hermanos (as). Que el efecto destructor de cada sustancia que ha ingerido sea deshecho por el poder de la sangre de Jesucristo.

Ordeno que todas las cadenas que lo esclavizan sean quebrantadas y que las puertas de su prisión sean abiertas y que el (ella) salga ahora mismo de la esclavitud de "Pharmakeia".

Que tú, Padre eterno lo (la) llenes de amor y de paz para dar los pasos hacia su libertad. Que venga sobre él (ella) una convicción inquebrantable de fe. La fe que vence al mundo y que esa fe nunca lo (la) deje.

Te doy gracias por los millones que serán libres y que serán llenos de Tu sabiduría.

Recibe toda la honra y la gloria Junto con tu Hijo Jesucristo por la maravillosa expiación con que nos has hecho libre.

ORACIÓN POR LOS MÉDICOS

Padre Celestial pongo en tus manos a cada médico que haya leído este libro. Lo bendigo en tu nombre y te doy gracias por su vida.

Si usted hizo el Juramento Hipocrático es necesario que lo quebrante por el poder de la Sangre de Jesús ya que es un pacto que hizo en ignorancia con satanás.

Diga:

Renuncio a todo pacto con satanás, con "Esculapio", con "pharmakeia", con "Hygeia" y todos los dioses griegos.

Renuncio al juramento Hipocrático y declaro que los dioses griegos no son ni mis jueces ni mis protectores sino Tú Jehová de los Ejércitos el único Dios verdadero.

Quito de mis ojos el velo de tinieblas que "pharmakeia" puso en mis ojos para no ver la destrucción que está ocasionando este espíritu en la gente.

Te pido que me levantes en tu sabiduría, en el entendimiento de tu Reino y de tus caminos para ayudar a mucha gente que necesita de tí el médico de médicos.

Yo quiero ser un instrumento de salud en tus manos, un instrumento de vida para instruir a muchos en tus caminos de salud y de vida.

Quiero ser un Médico de tu reino, para que el mundo te vea y te conozca. En el nombre de Jesucristo mi Señor.

Amén

Referencias Bibliográficas

▌ Augustino (1963). Confesiones. Traducción al inglés de Rex Warner. Nueva York: Mentor Books.

▌ Berthelot, Marcelin P. E. (2001) Los orígenes de la alquimia. Ed: mra. Traducción: José Valero Bernabéu. ISBN: 84-88865-68-6.

▌ Burckhardt, Titus (1967). Alchemy: Science of the Cosmos, Science of the Soul. Traducción al inglés de William Stoddart. Baltimore: Penguin.

▌ Cavendish, Richard. The Black Arts. Perigee Books.

▌ Debus, Allen G. y Multhauf, Robert P. (1966). Alchemy and Chemistry in the Seventeenth Century. Los Ángeles: William Andrews Clark Memorial Library, Universidad de California.

▌ Edwardes, Michael (1977). The Dark Side of History. Nueva York: Stein and Day.

▌ Gettings, Fred (1986). Encyclopedia of the Occult. Londres: Rider.

▌ Greenberg, Adele Droblas (2000). Chemical History Tour, Picturing Chemistry from Alchemy to Modern Molecular Science. Wiley-Interscience. ISBN 0-471-35408-2

▌ Hitchcock, Ethan Allen (1857). Remarks Upon Alchemy and the Alchemists. Boston: Crosby, Nichols.

▌ Hollister, C. Warren (1990). Medieval Europe: A Short History. 6ª Ed. Blacklick, Ohio: McGraw-Hill College.

▌ Lindsay, Jack (1970). The Origins of Alchemy in Graeco-Roman Egypt. Londres: Muller.

▌ Marius (1976). On the Elements. Traducción al inglés de Richard Dales. Berkeley: University of California Press.

▌ Norton, Thomas (edición de John Reidy) (1975). Ordinal of Alchemy. Londres: Early English Text Society.

▌ Pilkington, Roger (1959). Robert Boyle: Father of Chemistry. Londres: John Murray.

▌ Weaver, Jefferson Hane (1987). The World of Physics. Nueva York: Simon & Schuster.

▌ Wilson, Colin (1971). The Occult: A History. Nueva York: Random House.

▌ Zumdahl, Steven S. (1989). Chemistry. 2ª ed. Lexington, Maryland: D. C. Heath and Co.

▌ Comentarios por el Dr. Carlos Miranda. La Medicina está enferma, Federico Ortíz Quesada, Limusa. The World Health Organization, CDC (Departamento de Servicios Humanos y de Salud, Centro para la Prevención y Control de Enfermedades)

▌ American Heart Association, National Cancer Institute U.S. National Institutes of Health.

▌ American Diabetes Association.

▌ National Diabetes Education program.

▌ Mi propia experiencia con anti inflamatorios.

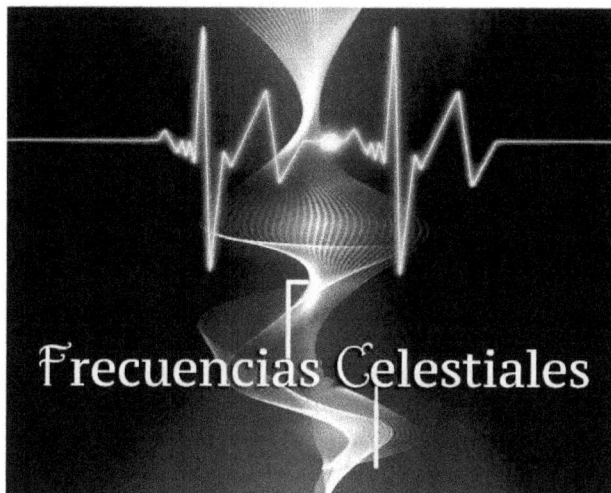

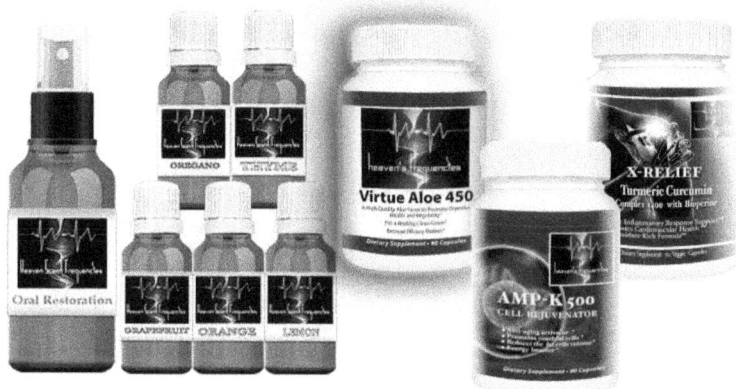

Veanos en Frecuencias de Gloria TV y YouTube
Síguenos en Facebook y Instagram

www.frecuenciasdegloriatv.com

www.youtube.com/user/vozdelaluz

www.facebook.com/AnaMendezFerrellPaginaOficial

www.instagram.com/anamendezferrell

Contactenos en:

Voz De La Luz
P.O. Box 3418
Ponte Vedra, FL. 32004
USA
904-834-2447

contacto@vozdelaluz.com

www.vozdelaluz.com

www.ingramcontent.com/pod-product-compliance
Lightning Source LLC
Chambersburg PA
CBHW051956090426
42741CB00008B/1423